上班族

运动解疲劳

杨慧 编著

北京体育大学出版社

策划编辑：闫文龙　马　燕
责任编辑：闫文龙
审稿编辑：苏丽敏
装帧设计：精彩视觉
责任印制：陈　莎

图书在版编目（CIP）数据

上班族运动解疲劳 / 杨慧编著. -- 北京 : 北京体育大学出版社, 2013.1

ISBN 978-7-5644-1253-1

Ⅰ. ①上　Ⅱ. ①杨　Ⅲ. ①健身运动－基本知识　Ⅳ. ①G883

中国版本图书馆CIP数据核字(2013)第018243号

上班族运动解疲劳　杨 慧 编著

出　版：北京体育大学出版社
地　址：北京海淀区信息路48号
邮　编：100084
邮购部：北京体育大学出版社读者服务部 010-62989432
网　址：www.bsup.cn
印　厂：北京昌联印刷有限公司
开　本：889×1194毫米　1/24
印　张：5.5
定　价：24.00元

2013年5月第1版第1次印刷　印数4000册

前言

生活节奏越来越快，精神压力与日俱增，上班族纷纷陷入健康“红灯区”，睡眠质量差、颈肩腰腿痛、脂肪肝、高血压病……种种不适悄然浮现，这都是运动少在作怪。谁都知道运动的重要性，却借口找不到合适的时间、地点进行锻炼，“身体是革命的本钱”也就成了一句空口号。“太忙了，没有时间。”“下班太累了，没有力气。”“健身房离家太远了，实在鼓不起勇气”……是不是听上去很耳熟呢？

健身，非要花许多时间去健身房挥汗如雨吗？其实不是，运动可以无处不在：上班路上、办公室里；一根皮筋、一副哑铃；甚至不需要任何器具，只是简单地动动身体，就能起到很好的锻炼效果。

本书就是根据上班族“忙”的特点，把工作和日常生活中的行为与锻炼身体密切结合起来，让运动无处不在！其中有丰富的健康理念，也有高效的锻炼方法，每个动作还配有清晰的动作分解图，易学易用，非常符合上班族“快餐式”的阅读习惯，语言简朴、自然、亲切，注重阅读的趣味性，是上班族解除疲劳的良师益友。

导读

寻找为你量身定做的健身方法

1.想在家里运动，可又不知道从何做起

请参考第一章“我在家里做”，注意要经常重复的练习。（参见第8～41页）

在家里运动，要注意保持姿势正确，量力而行，不要太心急。另外，在运动时要保证自己的安全。

2.上班时想忙里偷偷闲

请进入第二章“我在办公室做”。（参见第42～73页）

办公室除了工作，也是健身的好场所，可以利用工作的休息时间做一些小运动，不但能很好地缓解身体疲劳，还能让自己的心情愉悦。

3.想去健身房减肥，却又不知道好方法

请直接进入第三章“我在健身房里做”。（参见第74～107页）

通过减少高热量食物的摄入和全身协调的锻炼，以最快的速度减掉体内的多余脂肪，使你达到正常体重。但是，要想让效果更明显，一定要坚持每天练习。

4 .如果想用的零碎时间做健身

请进入第四章“我想做就做”。（参见第108～127页）

想运动，随时随地都可以，做家务、看电视……只要坚持，就能收获健康。

目录

9

第一章 我在家里做

43

第二章 我在办公室做

目录

77

第一章

我在家里做

1. “头”等大事不能忽视

工作是上班族的头等大事，可自己的“头”等大事却经常被忽视。健康就是从小处着手，如果每天花些时间从头部开始做一些按摩运动，就可以防患于未然，把小毛病扼杀在摇篮里。

耳部的美容保健

耳朵最容易被忽视，它很脆弱。路上的噪音、繁忙的电话，都在折磨着耳朵。短暂耳鸣、听力下降等症状都是耳朵在拉响警报。耳朵上分布着许多穴位，经常进行耳朵按摩，不但可以使耳病防患于未然，还会对身体的其他部位起到很好的保健效果。

◆ **提拉耳垂按摩法**

用双手的拇指轻放在耳屏内侧后，用食指、拇指依次提拉耳屏、耳垂，方向应该由内向外，手上的力量不要过大，牵拉的力量以不感到疼痛为限，每次3～5分钟。这个方法对短暂耳鸣有很好的作用，同时对头痛、头晕、神经衰弱也有很好的缓解效果。

◆ **提拉耳尖按摩法**

用双手拇指、食指夹捏耳廓尖端，采用提、揪、揉、捏、摩擦等方法，以发热、发红为最佳，每次15～20次。此方法有清脑、明目、镇静、止痛、退热、抗过敏、养肾等功效。

◆ **搓弹耳垂按摩法**

用双手拇指、食指分别轻捏双耳耳垂，搓摩至发红、发热。然后揪住耳垂向下拉，再放手让耳垂弹回。每次20下，每天5次。此方法能很好地促进耳部血液循环，健肾壮腰。

◆ **双手拉耳按摩法**

左手过头顶向上牵拉右侧耳朵数十次，然后换右手牵拉左耳数十次。这个方法能很好地促进颌下腺、舌下腺的分泌，减轻喉咙疼痛，缓解慢性咽炎的不适。

◆ **全耳按摩法**

用双手掌心摩擦发热后，向后按摩耳朵正面，再向前翻折按摩耳朵背面，反复按摩5～6次。此法可疏通经络，对肾脏及全身脏器均有很好的保健作用。

◆ **耳轮按摩法**

用双手食指和拇指指肚置于耳轮上部，沿耳轮自上而下揉捏10次，再自下而上揉捏10次。此方法对耳部冻疮和增强耳部听力有很好的效果。

5分钟怪表情给你好脸色

总是用高贵的护肤品呵护脸庞，只能起到治表不治本的作用，如果每天花5分钟时间，做做简单的面部表情运动，就会使你容光焕发。

第一步：张嘴法

张大嘴巴，脸部嘴形呈“啊”字张开，下巴往下持续约10秒钟，动作重复3次即可。能很好地锻炼下巴及脸颊肌肉。

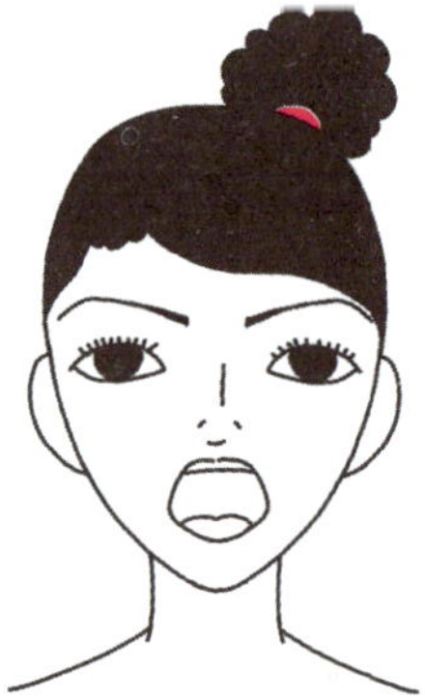

第二步：学习猴子表情

将嘴嘟起，让脸颊肌肉凹陷，眼睛尽量睁大，把自己想象成一只小猴。

第三步：吹吹口哨

将嘴巴嘟起，好像吹口哨，然后慢慢吹气使脸颊膨胀起来，持续约5秒，如此重复3次左右。此动作能很好的增加脸颊肌肤弹性。

第四步：做个怪表情

将嘴唇闭上，嘴唇往右边撇的表情，约持续10秒钟，然后做反方向。刚开始不习惯时，建议用眼神配合左右转换。此动作能很好地强化脸颊及嘴角肌肉。

第五步：狮子吼

手掌向两边外侧打开，收下巴让脸稍微朝下，眼睛锐利张开，嘴角往外侧牵动，表情如狮子般，持续动作约10秒钟，如此重复6～8次。此动作能很好地消除脸颊赘肉。

按摩鼻子，全身健康

鼻子是呼吸的重要器官，如果每天花点时间给鼻子一些特别的关照，就可以免除咳嗽，预防感冒，防治鼻病，还可以助眠，健脾胃。下面介绍几种鼻子的按摩保健方法。

◆ 推擦鼻梁

用右手食指指腹放在鼻尖处，以顺时针和逆时针方向交替揉动，由鼻尖向鼻根，再由鼻根往鼻尖揉，上下来回揉动，反复20～30次。此方法对鼻子不通气、鼻塞、过敏性鼻炎有很好的缓解效果。

◆ 捏鼻根

此方法很适合经常戴眼镜的人群，可以很好地缓解鼻梁的酸痛。摘掉眼镜，用拇指与食指轻轻捏起鼻根重复5～10次，这时会觉得鼻根有些酸涨，是很正常的，因为鼻根长时间被眼镜压迫，血循不畅所造成。

◆ 拿鼻翼

此方法对偶尔感到鼻塞的人有很好的缓解效果。用拇指与食指，同时放在鼻翼两侧，轻轻拿起鼻翼然后放下，动作反复20～50次。

◆ 捏鼻孔

用食指放在鼻孔内，食指与拇指一起捏鼻孔，一捏一放，用力均匀，每分钟约60次，至鼻子有酸涨感为止。再用食指、中指分别深入两鼻孔，挟住鼻中隔轻轻柔捏。此法对过敏性鼻炎、鼻塞，都有不错的效果。

上班族的健康贴士

做面部、耳部、鼻部按摩的时候一定要注意剪短指甲，将手洗干净。先将双手互相搓热再进行按摩，动作要轻巧、柔和，不可用力压挤。另外，如果出现疖肿、疮、出血时，不宜做按摩，以免加重病情。

2. 让颈部不再脆弱

颈椎是人体非常脆弱的部位，颈部的肌肉除了支撑头颅外还时刻为颈椎保驾护航。那么如何缓解颈部肌肉疲劳，预防颈肌劳损呢？

神奇瑜伽为颈椎护航

第一式：猫伸展式

这个动作能很好地活化整个脊柱，放松肩部和颈部，还可以很好地预防颈椎病。

1 取金刚坐姿，臀部坐在脚跟上，背部伸展，抬头挺胸，双手自然地放在大腿上，调整呼吸。

2 俯身，双手按在垫子上，距离与肩同宽，指尖指向前方，大腿垂直于地面，小腿及脚背紧贴地面，吸气，头慢慢向上抬起，向下塌腰，保持5秒钟。

3 呼气，慢慢低头并向上拱起背部，保持5秒钟，然后还原到身体与地面平行的姿势。

第二式：眼镜蛇变式

这个动作能很好地活化整个脊柱，放松肩部和颈部，还可以起到预防颈椎病的效果。

1 俯卧，双脚并拢，脚背着地，收下颌，双手平放身体两侧，调匀呼吸。

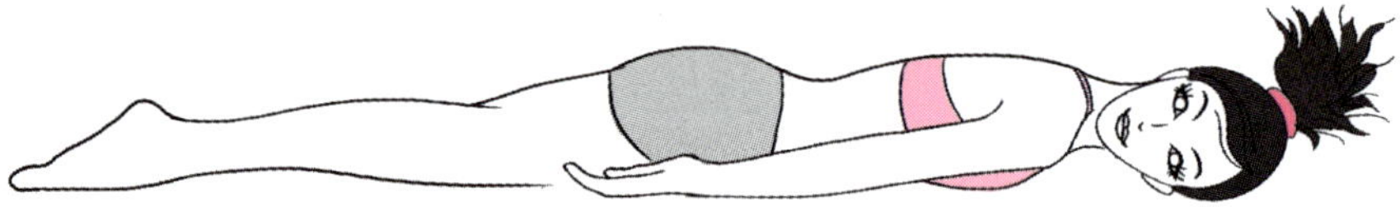

2 吸气，下颌慢慢抬高，头部向上后仰，上身同时慢慢离开地面（感觉是把脊柱一节一节地向后弯曲，用腹肌力量而不是用臂力），肚脐与腹部着地，眼望前方。

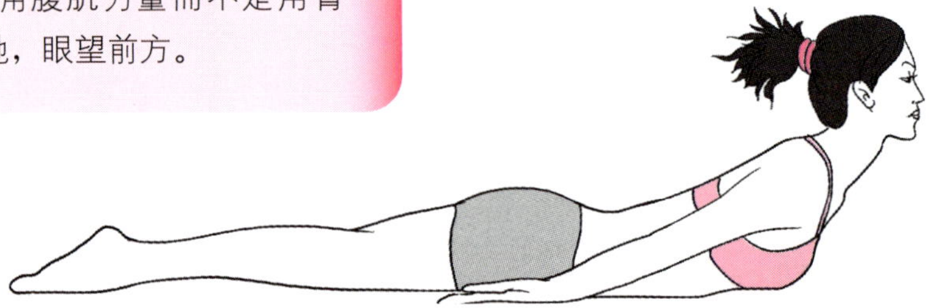

3 呼气，双臂伸直支撑于体前，背部继续往后弯曲，头部尽量向上牵拉，感觉到颈部的拉伸。放松，上身按骨盆、腰椎、胸椎、颈椎、下颌到额头的顺序慢慢还原到卧姿。重复练习。

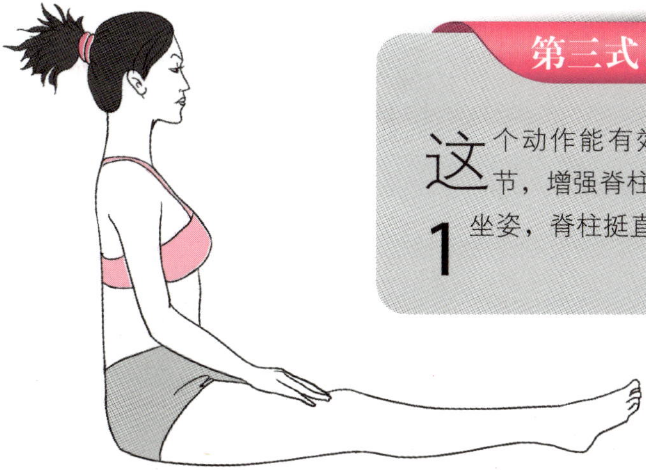

第三式：坐姿半脊柱扭动式

这个动作能有效地伸展颈部肌肉，很好地放松肩关节，增强脊柱的柔韧性，预防背部疼痛。

1 坐姿，脊柱挺直。两腿并拢。两手平放在大腿上。

2 吸气，弯曲右腿，并将右腿搭在左大腿根部，左腿尽量伸直。

3 呼气时将上身转向左边，右手向前伸，去碰触左脚，左臂尽量收向背部。

4 慢慢将头转向右边，上身保持向左体位不变，眼睛平视，保持呼吸，坚持15秒钟，放开右脚，慢慢还原；再做另一侧的练习，重复做3次。

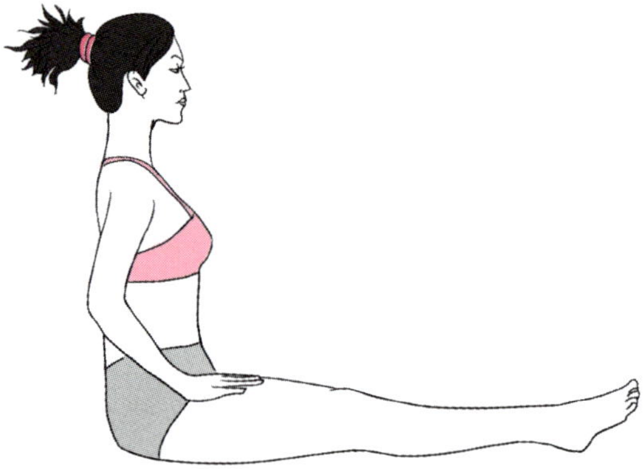

家庭小动作呵护脆弱的颈椎

除了做瑜伽，每天在家做一些颈部小运动，劳累了一天的颈椎很快就会得到全面放松！

（1）活动脖颈。采取坐姿或站姿，闭上双眼，身躯正直，两手叉腰，左右转动颈部40次，前俯后仰40次。要依轻重而缓慢进行，不可用猛力，以免颈椎受伤。

（2）十指梳头，掌心顺脖颈。十指环屈成梳状，从发际往后梳至枕骨下，十指并拢横向摩擦颈椎两侧，直达下巴，为1次。重复3～5次。

（3）拍打颈部。晚上睡觉前或者起床的时候进行，采用坐或站，用手掌从颈肩尽量往后甩拍打大抒、风门、肺俞等穴位。两手交替拍打各50次，能收到很好的效果。

（4）摩擦颈项。双手放在脖子两侧，一手放在枕骨下，一手放在颈椎。两手同时用力向对侧摩擦2分钟，不要用力按压。这个方法可疏通经络、活血化瘀，促进颈部血液循环。

上班族的健康贴士

在家做瑜伽的时候要注意热身和放松，做简单按摩的时候要注意手力适中，不可过重，如果颈部出现不适，应该马上停止运动。

3.挺胸做女人

胸部下坠、松弛、变形……随着年龄的增长这些现象困扰着很多女性，如果得不到重视，不但影响乳房的挺拔度，还会出现胀痛、刺痛等不适症状。从今天起重视对胸部的保养，每天在家花一点时间，为胸部加点料吧！

完美胸部的小绝技

瘦瘦的身材，丰满的上围，这是大多上班族女性追求的身材标准。那么，如何才能在繁忙的工作中保证自己能做一个坚挺有“料”的女人呢？其实，并不难，只要注意生活中的点点滴滴，就可以达到美胸目的！

挑选适合自己的文胸

女性在挑选文胸的时候，最好能亲自试穿，看是否舒适。在购买文胸的时候，无肩带的最好尽量少选，因为少了肩带的提拉作用，只靠下围来支撑乳房的重量，支撑性和稳定性都相应地会降低。

养成良好的美胸习惯

平时要注意自己的坐姿。无论是在上班还是在家，只要是坐的时候上身都要挺直、腹部内缩、肩部放松、双手自然平放，椅子不能坐太满，约坐1/3~2/3就足够了。一定注意不要趴在桌子上睡觉。

进行热敷

热敷对缓解乳房胀痛有很好的效果，可用热敷袋、热水瓶或洗热水澡等方式。如果能采用冷、热敷交替法来消除乳房不适，效果就会更好。

经常给乳房做按摩

轻轻按摩乳房，可使过量的体液回到淋巴系统。按摩时，先将肥皂液涂在乳房上，沿着乳房表面旋转手指，画一个硬币大小的圆。然后用手将乳房压入再弹起，这对防止乳房不适症有极大的好处。

遵循“低脂高纤”的饮食原则

在平时的饮食中要遵循“低脂高纤”的饮食原则，多吃全麦食品、豆类和蔬菜，控制动物蛋白的摄入，同时注意补充适当的微量元素。每天至少食用30克纤维，如多吃些全麦面包、胡萝卜、南瓜，各种纤维均有助于过多的雌激素排出体外，从而阻止激素刺激乳房组织，对乳房的保健具有很好的作用。

简单省时的美胸操

第一节：拍打动作

这个动作能很好地促进胸部的血液循环，让胸部集中，从而塑造出完美的胸形。

1 采取自然站立姿势，双脚分开，与肩同宽，双手交替着由下往上对胸部的下侧、外下侧做拍、托的动作。

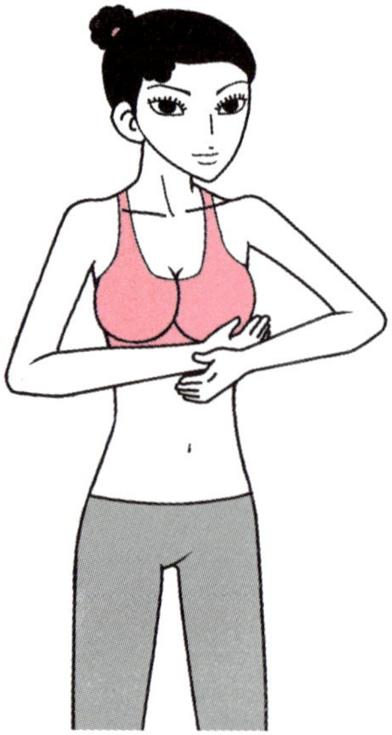

2 拍打以拍出轻声响为宜，拍打至胸部肌肉微红即可。

3 换另一侧做相同的动作。

第二节：合十动作

这个动作能很好地集中胸部脂肪，从而托高胸部。

1 采取自然站立姿势，双脚分开，与肩同宽，双手合十，手臂呈水平状放于胸前。

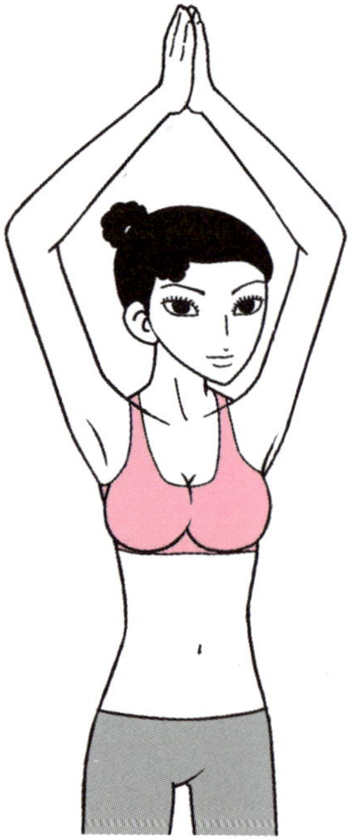

2 手臂慢慢伸向头顶，手臂伸直后再慢慢落回到胸前。

3 手臂慢慢向左、右做平移运动。

4 持续不断地重复着向上、下、左、右的移动，做5分钟。

第三节：碰肘运动

这个动作能让松弛的胸部变得紧实、集中，看起来非常有形。

1 采取自然站立姿势，双脚分开，与肩同宽。握拳，大臂与肩平行，小臂与大臂垂直。

2 保持上述姿势，双手慢慢向胸部收拢，让两肘相碰，重复这种练习10次以上。

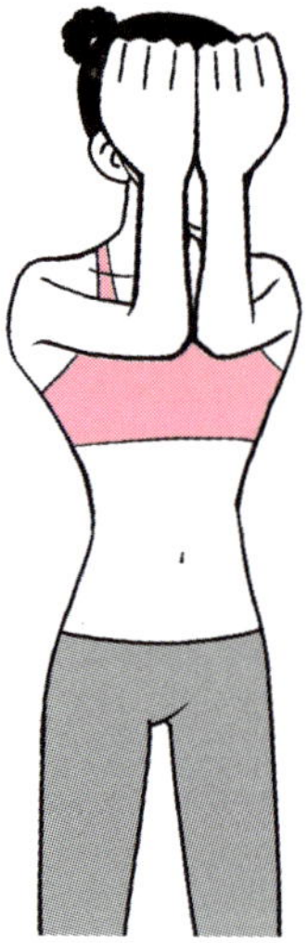

上班族的健康贴士

在每日的饮食中多吃一些含维生素E及维生素B的食物，如卷心菜、菜花、葵花子油、菜子油、牛奶、猪肝、牛肉、蘑菇等，对维持胸部的丰满与弹性有很好的效果。

4.美背不能忽视

趴在桌前一整天不动，是都市白领的常规动作。时间久了，背痛自然而然向你袭来。如果每天在家里做一些美背的小运动，就能很好地缓解背部的不适，还你迷人的美背。

居家美背小运动

上班族不是坐在家里的电脑前，就是坐在公司的电脑前，很快就会出现“虎背熊腰”的体形。哪位美女不希望自己“有前又有后”，看着别人光滑、性感的后背，你是否有冲动改变？其实并不难，心动不如行动吧！

（1）原地踏步练习：身体自然站立，上半身挺直，目光平视前方，做原地踏步运动。注意要脚尖先着地，然后脚掌，最后脚后跟着地，以滚动的方式进行，同时膝盖略微弯曲，慢慢向上伸展手臂，将手臂举过头顶之后放下，同时注意调节呼吸。

（2）提膝练习：身体自然站立，双脚并拢，慢慢提起右膝至髋部高度，同时手臂弯曲，将双臂举到与肩同高的位置，手肘朝外，然后右肘向后伸。然后回到开始姿势，换提左膝重复动作。要注意保持节奏平稳，不能猛拉猛伸。

（3）足尖轻踏练习：上身挺直，双脚分开与肩同宽，足尖轮流向前轻叩踏地。左脚踏地的同时将右臂往后旋转，慢慢将身体重心转移到右腿上。右脚踏地的同时旋转左臂，再将身体重心转移到左腿上。注意要尽可能扩大手臂的旋转弧度。练习时间：2分钟。

（4）蹬步练习：上身挺直，右腿绷直，左脚向前蹬一大步，左腿成弓步姿势。同时小臂向上弯曲，大臂抬起与肩同高，在胸前合并。然后左腿伸直，右脚向前蹬步，同时手臂分开，向后伸展。注意在伸展手臂的时候要尽量挺胸、收肩。

小哑铃的神奇美背功效

闲时在家举举哑铃，很快就会发现，你的背部开始向健美迈进，现在就不用再为没时间出去运动而发愁了，在家我们同样能练出迷人的美背。以下介绍几种在家常做的哑铃运动。

动作1：哑铃直立划船

此动作能很好地减去背部的多余脂肪，在练习的过程中，要始终保持双手之间有较宽的距离。

1 采取直立姿势，收腹挺胸，双肩后展，双手各持一只哑铃置于大腿前。

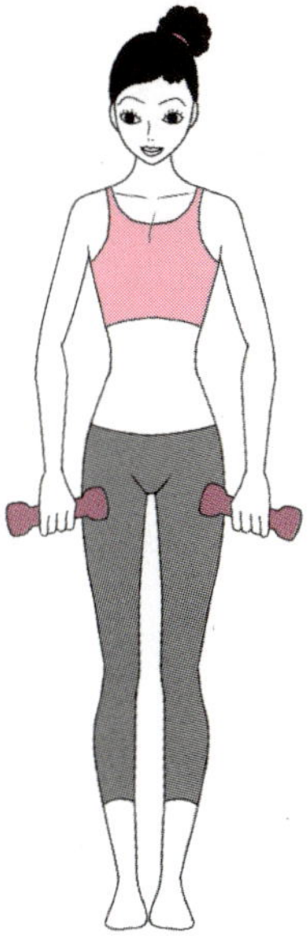

2 两臂屈肘向上直接提拉哑铃，直到肘部到达或稍高于肩部为止。在动作的顶点稍做停留，然后有控制地下放重量，恢复初始位置。

动作2：哑铃弓步飞鸟

此动作能很好地锻炼上背部肌肉，能够练出完美的背部曲线。这个动作主要是靠背部发力完成，不是用手臂。

单腿跪在地上，大腿与小腿呈90度弯曲。上身向前倾斜，腰背保持挺直，手臂紧握哑铃，双臂张开如同飞鸟，与肩保持在同一条直线上。双手慢慢放下，再慢慢抬起，重复练习。

三招神奇瑜伽动作缓解背部疼痛

上班族经常出现背部酸痛的现象，这三招瑜伽动作经常在家做，能很好地缓解背部的不适。

第一式：摩天式

此动作能很好地消除脊椎神经失调所引起的各种疾病，减轻腰部所承受的过度压力。

1 站姿，双腿自然并拢，双臂放在身体两侧，吸气，掌心相对，目视前方。

2 双腿分开，与肩同宽，双臂上举，使上臂贴近双耳，保持正常呼吸；吸气抬起脚跟，身体向上方伸展；呼气，放下脚跟，上臂从身体两侧慢慢回落至身体两侧。

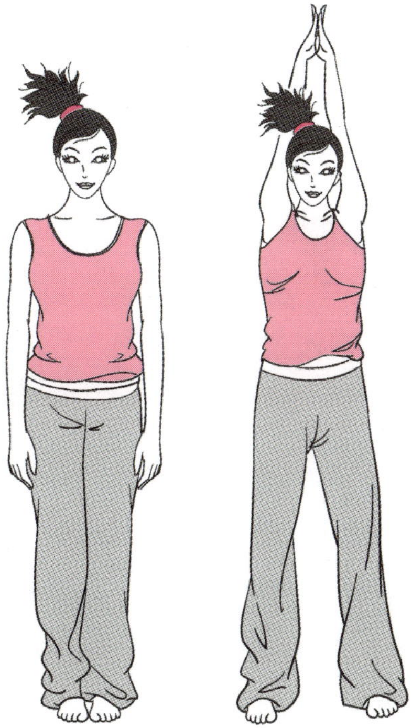

第二式：幻椅式

此动作有助于增强背部肌肉力量，很好地缓解由于疲劳引起的背部疼痛。

1 山式站立，吸气，抬高双臂，掌心相对或合拢。

2 呼气，屈膝，尽量使大腿与地面平行，保持大腿内侧的平行，向背部收紧肩胛骨，向下收拢尾骨，指向地面，拉长骶骨，停留30~60秒钟。

3 结束动作，吸气，伸直膝盖，用力向上伸展手臂；呼气，将双臂放回体侧，恢复山式站立。

第三式：平板式

此动作能很好地增强脊柱的力量，缓解背部的不适症状。

1 双手打开与肩同宽，双腿跪在地板上，与髋同宽。

2 吸气，身体向前移动，直至双臂与地板垂直，肩膀与手臂垂直，使躯干与地面平行。将手臂外侧向内压紧，并将十指稳稳地放在地板上，保持30~60秒钟。

上班族的健康贴士

上班族大多的时间都是在椅子上度过的，所以坐姿非常重要。坐的时候背部一定要有椅背的支撑，最好椅背能够稍有突出的弧度来支撑背部。另外可以将膝盖稍高于臀部的位置，如此也可以减少脊椎所受的压力。不要让一个固定的姿势超过1个小时，1个小时就稍微活动一下身躯，有助于背部的健康。

5.让腰杆硬起来

你常有这样的感觉吗？弯腰洗完头后，要用手敲着背才能直起身来。其实这都是错误的坐姿造成的，如耸肩、含胸，再加上使用电脑时双手向前伸以及伏案等姿势，都加重了脊柱的负担。看着软弱无力的腰提前衰老，是不是感到很痛心？

小习惯养出硬腰杆

“腰龄”提前衰老的现象，困扰着现代上班族。正常人体的脊柱、腰部向前凸，而骶骨则向后凸，从而形成正常的生理弯曲。然而，上班族平时不太注意坐姿，跷二郎腿、踮脚、靠着椅背仰躺、趴着睡觉，这些都是危害腰部的杀手，其损伤程度比站立的时候高出85%！因此在平时的生活中要注意养成良好的用腰习惯。

（1）避免长时间坐在办公桌前，应该1小时左右起身活动5分钟。如果坐在靠背椅上，最好在腰部垫一个小枕头，来维持腰椎正常的生理曲线，减少对腰部的伤害。

（2）注意站立或者行走的姿势，时时挺胸收腹抬头。

（3）在提拿重物时不要猛用力，如果能环抱的重物尽量采取环抱姿势。

（4）床具不要太软或太硬，硬度以仰卧时将手掌伸入腰下刚好不费劲为宜。

（5）避免腰部长时间旋转、过屈活动及负重。

（6）避免腰部受凉、受风寒、受潮湿等，不能直吹电风扇和空调。

（7）养成良好的生活习惯，不要长时间打牌、玩游戏。

（8）无论是上班还是在家中，要尽量减少弯腰的次数，尽可能用下蹲姿势来代替。

健身球，弹出杨柳细腰

第一招：夹球抬腿

这个招式能很好地训练腹部与大腿内侧肌群，拥有迷人的杨柳细腰。注意在做此动作时上半身始终保持不动。

1 身体平躺在地面上或者垫子上，双手自然地放在身体两侧，掌心朝下，双腿夹住健身球，缓缓抬离地面30度，停留5秒。

2 稳定后将腿再上抬，与地面垂直，腿部弯曲、大腿贴近身体。

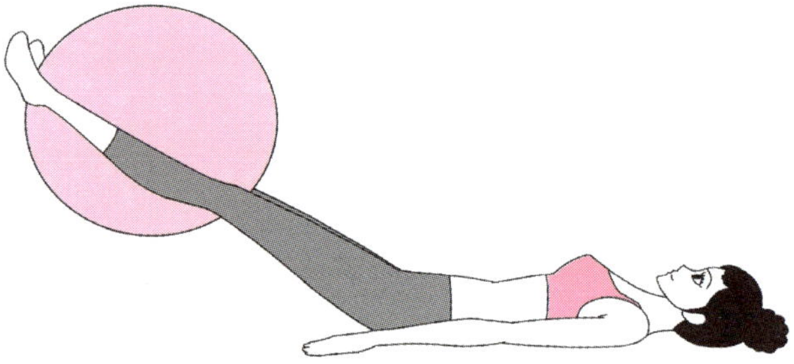

第二招：平身卷体

此动作能很好训练腹部肌群，紧实手臂，再现平坦的小腹，在做这个动作时要注意保持球的稳定，不能滑动。

1 双脚平放在球上，双手撑地，收腹夹臀，使身体呈一条直线，与地面平行。

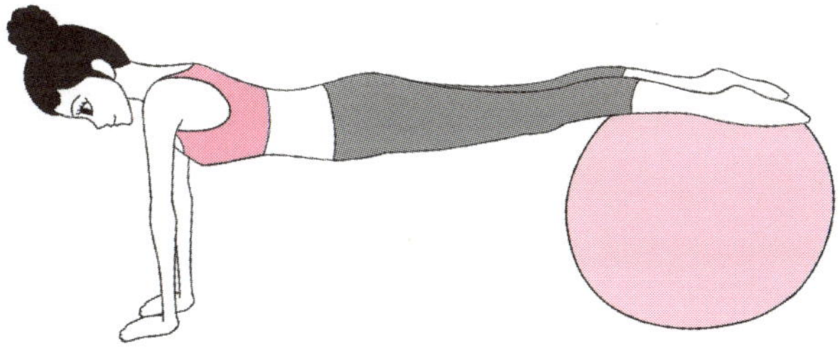

2 腹部收紧，手臂伸直。弯曲膝盖并将球向左肩方位侧拉，然后再向外推出，接着再向另一方面侧拉，重复练习。

第三招：剪腿转球

这个动作能很好地强化核心肌群，同时紧实腹、臀、腿的肌肉，在这个动作的整个过程中要注意保持躯干平直，保持脊柱曲线自然。

1 仰面平躺，将球紧紧夹于两踝之间，双手伸展于身体两侧，掌心朝下以保持身体平衡，然后双腿抬起，与地面呈45度角。

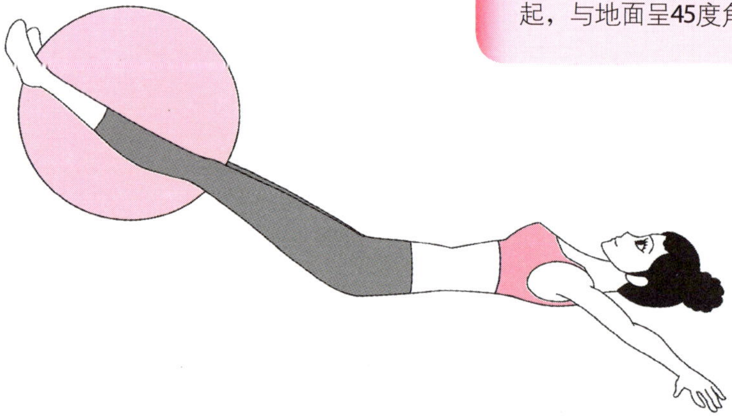

2 保持双肩紧贴地面，同时尽量将双腿向右旋转，然后还原至重心位置，接着再向左旋转。

第二章

我在办公室做

1.保护眼睛的时间到了

“眼睛是心灵的窗户”，可是很多上班族却在毁坏自己的“窗户”，每天紧盯着电脑屏幕，眨眼次数少，加上办公室空气不流通，容易造成双眼干涩、充血疼痛等现象，甚至有时出现视物模糊。于是各式各样的护眼产品都汇集在了办公桌前，如眼药水、护眼器等轮番上阵。光靠这些是不行的，只有运动与防护相结合才能达到很好的效果。

办公室里的小小眼保健操

还记得小时候做过的眼保健操吧！对眼部周围穴位进行按摩，放松睫状肌，改善眼部血液循环，除了预防近视，还很适合上班族缓解眼睛疲劳。不妨在休息的时候闭上双眼，做做简单的眼保健操，让眼睛也好好享受一下。但在做的时候要注意双眼自然闭合，面部放松，手法要由轻到重，眼部如有炎症不能做此操。

第一节揉天应穴

就是用左右手的大拇指揉按此穴，此穴位置在眼眶内上角，即眉头与内眼角之间的眶角处，在揉按的过程中其他四指散开弯曲如弓状，支撑在前额上。每旋转一圈为一拍，可做四个八拍或八个八拍，每八拍换一次旋转方向。

第二节挤按睛明穴

这个动作有点像掐鼻梁，以右或左手大拇指与食指末端分别按两侧的睛明穴，此穴位置在双眼内眼角稍靠鼻梁处。方向应该先向下按，后向上挤，一按一挤为一拍，可做四个八拍或八个八拍。

第三节按揉四白穴

四白穴位于鼻翼上缘的两侧，用两手食指和中指并拢伸直，分别按压在四白穴上，然后食指不动，中指和其他手指缩回呈握拳状，旋转按揉一圈为一拍，每做一个八拍就改变一次旋转方向。

第四节轮刮眼眶

这个动作是对眼睛的周围的穴位做了一次全面的按摩。两手四指弯曲（如握空拳状），以左右大拇指指腹按住左右太阳穴，然后用弯曲的左右食指第二节（中节）内侧面分别轮刮眼眶，从眉头开始至眉梢为止，下面从内眼角起到外眼角为止，先上后下，先内后外，注意胳膊最好放在桌子上，这样有支撑。

小动作随时做好眼睛护理

视物模糊、眼睛酸胀、干涩、流泪、眼眶痛等眼部不适经常困扰着上班族，下面介绍一些缓解眼部疲劳的小妙招。

第一招：闭目“看”太阳。让自己的双眼接收一下阳光的滋润是很不错的，而且不受时间、地理的限制，只要有太阳就好。切记是紧闭双目，“望”向太阳，会看见连续不同的色彩。大概两三分钟后，就会感觉整个人都不同了。

第二招：看远看近。用眼一段时间后，可不要忘了给眼睛一点关爱，否则它会向你抗议。站在窗前，看远方3分钟，再看手掌1~2分钟，然后再看远方。这样远近交换几次，可以有效消除眼睛疲劳。

第三招：眼珠运动。时不时地让眼睛做做小运动，让头向上下左右旋转时，眼珠也跟着一起移动，能很好的缓解眼睛的疲劳。

第四招：眨眼睛。舒服地坐在座位上，头向后仰并不停的眨眼，使血液畅通。眼睛只是轻微的疲劳，只要做2~3次眨眼运动即可。

第五招：闭眼休息。闭眼可是很不错的休息啊，其实缓解眼睛疲劳的最佳方式是让眼睛休息。

第六招：伸出援手。摩擦双手，直至它们发热为止。然后，闭上双眼，用手掌盖住眼圈，勿压迫双眼，盖住即可。缓慢地呼吸。每天这样做20分钟。

第七招：按压眼球。闭上双眼，用食指、中指，无名指的指端轻轻地按压眼球，也可以旋转轻揉。不可持续太久或用力揉压，20秒钟左右就停止。

办公室里的健康用眼

保持正确的坐姿。在工作的时候，不能为了自己舒服，就想怎么做就怎么做，应该注意自己的坐姿。大臂与小臂呈直角，身体与椅子呈直角，眼睛与屏幕中心呈下45度角，同时，眼睛与屏幕则最好保持40～50厘米。

保持眼睛的湿润。如果办公室里的空气非常干燥，眼睛就很容易疲劳，可以适当地使用眼药水，帮助眼睛保持湿润。

注意电脑周围的亮度。在光线强的地方使用电脑，对眼睛的伤害是非常大的，尤其是在窗边，容易反光和产生眩光，加速眼睛的疲劳。需要适当地调节电脑屏幕的摆放位置来避免这个问题。

注意补充维生素B。维生素B对视力也有一定影响，尤其是维生素B_1缺乏，容易引起眼睛的疲劳，上班族可适当地补充一些维生素片，平时多吃一些水果。

上班族的健康贴士

购买眼药水的时候要注意其保质期，开瓶后放置超过5个月的眼药水就不宜再使用。除此之外，眼药水也有各种功能上的差别，对于长期盯着电脑屏幕的人，需选择一些专用于解除疲劳的眼药水，而用于杀菌、清洁眼部、去除红血丝的眼药水，就不适合了。

2.消除“电脑脖”势在必行

上班族最苦恼的莫过于颈椎病了。长期以来只知道“用”而不懂得“养”，最后导致“电脑脖”！颈椎病对于上班族可不陌生，它已成为办公室的首要健康杀手。当难以忍受的头晕、脑胀、颈肩酸痛没完没了地出现，有没有后悔为什么不保护好自己的颈椎呢？难道就真的忙得不顾自己的健康了吗？其实很多保健方法在办公桌前就可以轻松完成，抽出时间试一试吧！

时刻保护好自己的颈椎

动作一：左看右看

办公桌前的工作繁多，很多人为了抓紧时间完成，很少能运动放松，而这个东瞅西望的动作能很好地缓解颈部疲劳。

1 取站姿或者坐姿，上身挺直，头向左转动，上身保持不动，双臂自然地放在桌子上。

2 头部向右转动，每当转到最大限度时保持3~5秒钟，重复进行此动作。

动作二：前后伸展

此动作可以忙里偷闲的时候做，可以很好地缓解颈部的不适。

1 端坐在椅子上，腰背挺直，双手自然地放在桌子上，调整好呼吸，呼气时颈部前屈，上颌接近胸骨上缘。

2 吸气时颈部伸直到最大限度，反复做10~15次。

动作三：头部小屈伸

这个动作能很好地促进颈部的血液循环，缓解颈部的不适。

1 端坐在椅子上，腰背挺直，双手自然地放在桌子上，调整好呼吸。

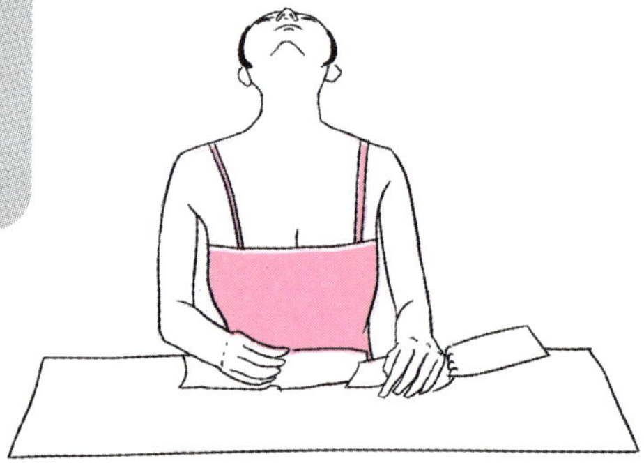

2 吸气时头向左，身体保持不动。

3 呼气时头部还原。

4 吸气是头向右，呼气还原。反复做10~15次。

小运动对抗颈椎病

脖子发僵、发硬、肩背部沉重，甚至有头痛、头晕、视力减退等异常感觉经常出现，这可是颈椎在向你发出的最后通牒！利用休息的时间活动一下筋骨吧！

◆ **第一招：画“米”字**

这招做起来很有意思，就是以颈作“笔杆”，头为“笔头”，按顺序反复地在空中“书写”“米”字，每次书写5~10个“米”字，对颈椎能起到很好的锻炼效果。

◆ **第二招：小鸡啄米**

如果你经常有脖子酸胀不适、手指麻痹的感觉，就说明颈椎已经过度疲劳了。这个动作你可以试试看，像小鸡啄米一样，慢慢将脖子缩回，然后伸出，然后缩回，如此反复，一张一弛，很快就能使疲劳的颈椎得到休息。

◆ **第三招：一伸一缩**

尽量将下巴压低，抵住胸口，使两耳低于双肩，有助于预防或减轻颈椎病症状，减轻疼痛。不过这种做法必须以自己所能感受的范围为限度，逐步加强，不可一下子活动过度，同时要注意保护脖子，别做过激的运动，以防扭伤。

◆ **第四招：热情拥抱**

没事的时候拥抱一下自己，给自己多一些爱。用双手尽量向后张开，如大鹏展翅一般，极目远眺，双肩往上耸，脖子往下缩一缩，然后如同跟前站着你的亲密爱人一般，来一个热烈地拥抱，双手往回交叉抱住双肩，脖子往回缩一缩。如此反复3次，疲劳症状很快就可以缓解。

上班族的健康贴士

枕头和床也是养护颈椎的重要因素。枕头过高或过低、床垫过于柔软都会连累颈椎受损。中间低、两端高的元宝形保健枕头可以对颈椎起到很好的支撑作用，让颈椎得到休息。同时，枕头的宽度应达到肩部。对于颈椎不好的人来说，木板床、棕垫床是首选，而过分柔软的床则不利于颈椎的健康。

3.卸去肩上负担，让双臂更轻松

坐得时间久了，肩部就会抗议，酸麻疼痛，夜间为甚，逐渐加重，甚至导致肩关节活动功能受限，严重的还会影响正常生活。

办公室瑜伽缓解双肩疼痛

动作1：放松肩膀

对肩部的疲劳有很好的缓解效果，预防肩周炎。

1 坐在椅子的1/3处，挺胸收腹，双手自然地放在大腿上。

2 以肩膀为中心向后画圆10次，尽量做到自己的最大限度，再向前画圆10次。

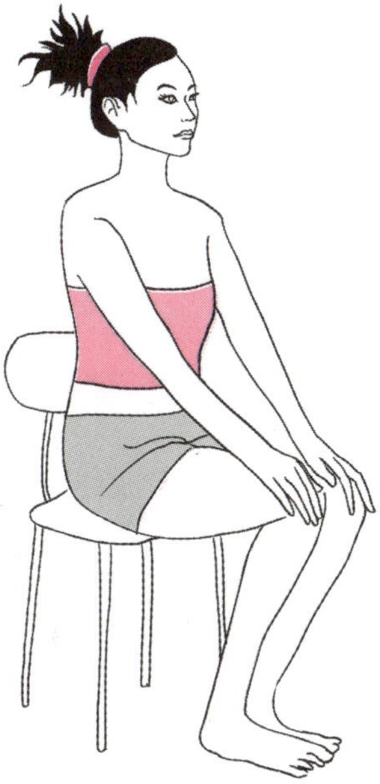

动作2：屈臂式

此动作能让肱二头肌、肱三头肌得到很好地伸展，稳定肩关节，缓解肩部的不适症状。

1 坐在椅子的1/3处，挺胸收腹，双手自然地放在大腿上，双脚平行。

2 两臂向前伸直，与肩同高，双手握拳朝上，调整好呼吸。

3 吸气，两肘弯曲，手臂成直角，呼气，将弯曲的两肘靠向肩部，往内收缩，重复做10次。

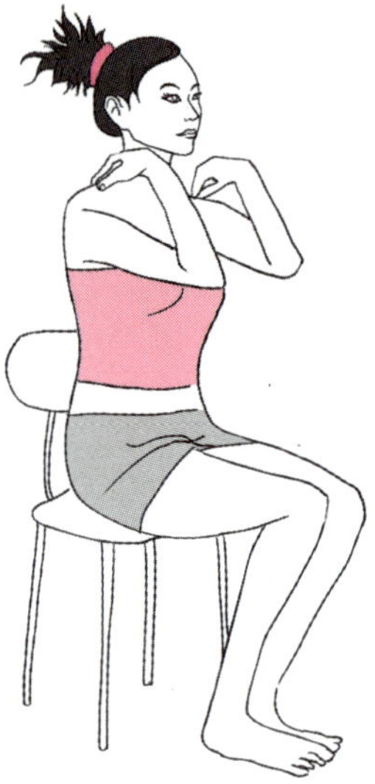

动作3：椅上肩臂式

此动作能很好地预防脂肪堆积在手臂处，促进血液循环，消除肩部酸痛，软化肩关节。

1 正坐于椅上1/3处，挺直腰背。

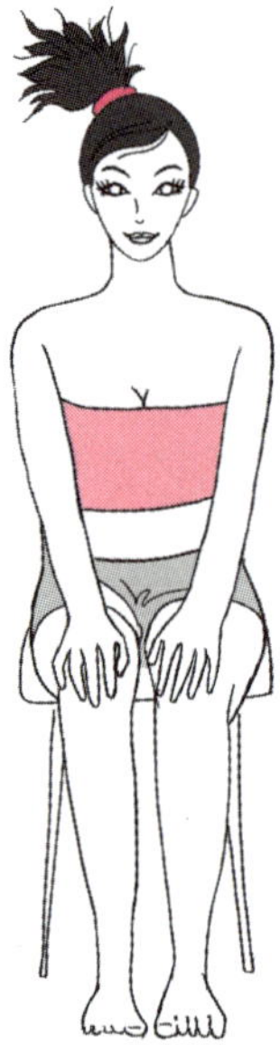

2 左手肘弯曲，左手掌贴在右边背部，右手握住左手肘处，调整手臂位置，双肩向外扩，停留做深呼吸。

3 还原，换另一侧继续。

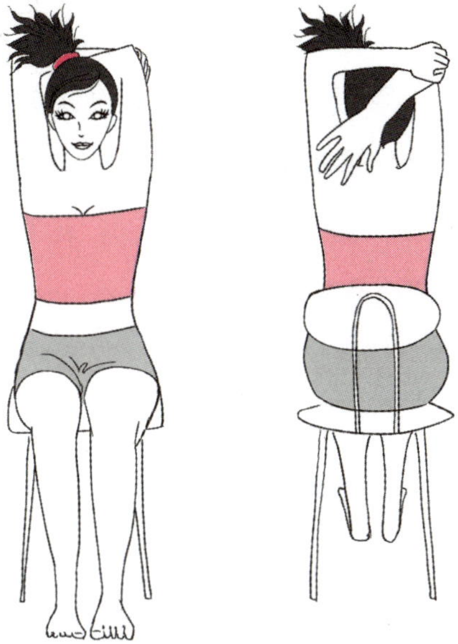

肩部保健小动作

◆ 第一招：仰头望日

采取自然站立的姿势，两手下垂，两脚与肩同宽，头缓缓抬起，仰望天空，仰视角尽量达到最大限度，就像抬头看太阳一样，眼睛盯住一个目标，保持这种姿势15秒钟左右。

◆ 第二招：擦汗动作

这可不是一般的擦汗动作。身体自然站立或仰卧均可，一侧的手臂弯曲，前臂向前向上举起，尽量用肘部擦额部，即擦汗动作。

◆ **第三招：深呼吸**

缓慢的深呼吸也有利于放松肩部，在工作的时间多做几次几个深呼吸。

◆ **第四招：有意识的放松**

为什么总喜欢让肩膀紧锁着呢？时常提醒自己放松，有意识地去放松肩部，这对治疗失眠也很有好处。

◆ **第五招：双手互争**

两手十指交叉，手掌置于颈后，将颈部用力向前推，颈则向后挺直，两力方向相反。与此同时，左右转头摇晃5次。放松，稍停片刻后再重做。

五分钟与鼠标手说再见

手腕生疼，肩膀发麻，手指的关节不灵活……这就是鼠标手的典型症状。以下就向大家介绍几个小动作，让你跟鼠标手说再见。

动作1：转动手腕。按顺时针和逆时针转动手腕数次，动作非常简单，记住每天都要坚持。

动作2：提水壶。没事提提水瓶，能很好的防治腕关节骨质增生，增强手腕力量。采取自然站姿，手掌向上握水瓶，做从自然下垂到向上抬起的动作，然后是手掌向下握水瓶，做从下到上的运动，各25次，记住不要只练右手，左手同样需要锻炼，这个动作能很好地锻炼腕屈肌。

动作3：伸伸五指。在伸懒腰的时候，用力展开双手的五指，每次20～30秒钟，做2～3次，能促进手部的血液循环，具有很好的效果。

动作4：紧握五指。握拳运动能舒缓手部关节的僵硬，要注意呼吸，吸气时用力握拳，然后吐气，同时急速依次伸开小指、无名指、中指、食指、拇指。左右手各做10次。

动作5：双手按摩。双手相互按摩也是不错的手部运动，可以促进手部血液循环。用一只手的食指和拇指揉捏另一手手指，从大拇指开始，每指各做10秒钟，注意呼吸要平缓，不可急促。

动作6：握球转动。平时还可以利用圆状东西做手部运动，可以很好地增强手腕力量，锻炼肢体协调能力。双手持球如网球，或持手掌可握住的如水果，上下翻动手腕各20次。物体的重量可依自己力量而定。

动作7：摩擦双手。摩擦双手也是不错的运动，可不要认为只是为了给手取暖，这个动作能很好地促进手部的血液循环。双掌合十，前后运动摩擦至微热。

上班族的健康贴士

当肩部不适的时候，可以通过按摩来缓解疲劳，按摩时要注意力度的掌握。对于有劳损的部位来说，大力度反而是一种伤害，会让肌肉更紧张而不是放松。

4.办公室里的瘦腿运动

每天坐在办公室里，腿脚可以悠闲地在桌子底下摆动，看起来最为悠闲放松了，其实相反，坐得时间久了， 脚部发麻、腿部肿胀、双脚发凉等各种症状频繁出现，甚至变成“大象腿”。所以，待在办公室里，千万不能忽略了腿脚的健康，这里可是人的“第二心脏”。

椅子上的瘦腿操

利用坐着的机会做些运动，能达到消除疲劳及瘦腿的双重效果。

动作1：活动腿和脚

1 坐在椅子的1/3处，挺胸收腹，双手扶在椅子的后半部分，双腿自然并拢。

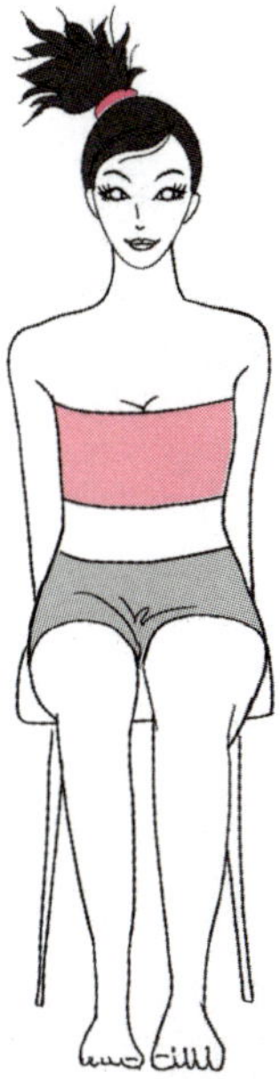

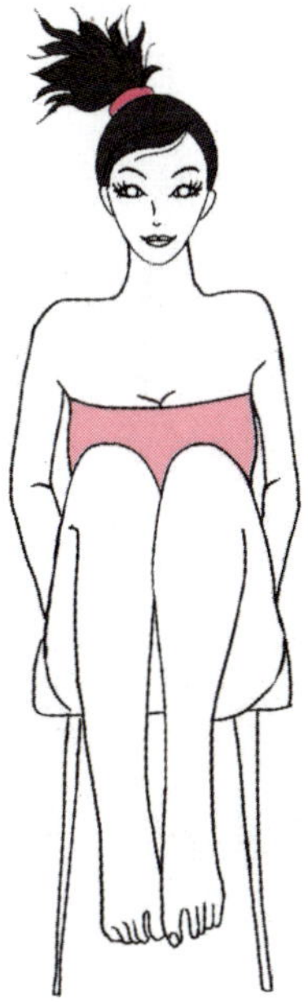

2 屈双腿尽量地抬高至胸部。

3 顺着脚尖的方向慢慢伸直双腿，如果你觉得这样做有点困难，你也可以两条腿交替练习。

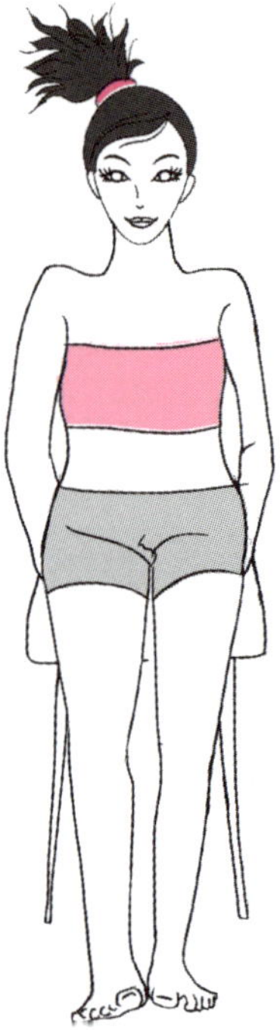

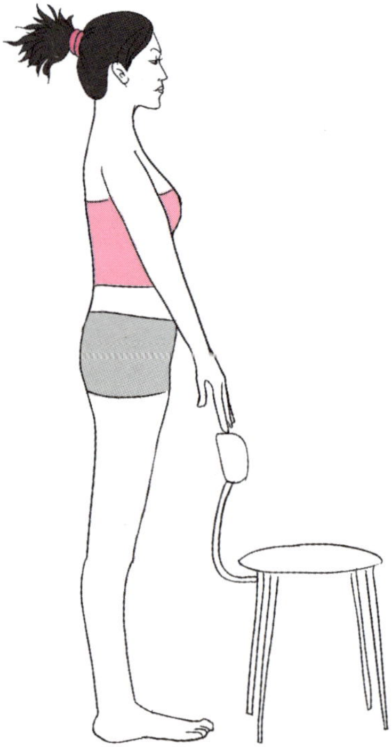

动作2：舒展大腿

1 采取自然站立姿势，双手放在椅背上。

2 左腿保持直立，右腿向后屈，右手抓住右脚脚腕，尽可能靠到臀部。

3 自下而上慢慢拉起右腿，尽量保持身体平直，双眼目视前方。保持6~8次均匀呼吸，稍休息换另一侧。

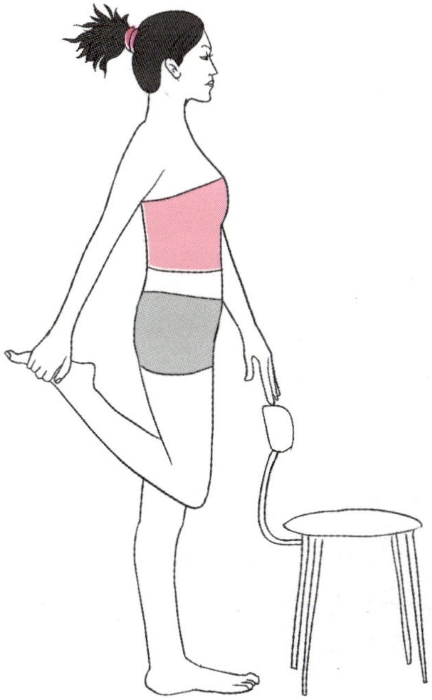

动作3：紧实大腿

1 采取自然站立姿势，站在椅背后面。

2 双手扶住椅背，将右腿屈膝慢慢抬起，靠近胸部。

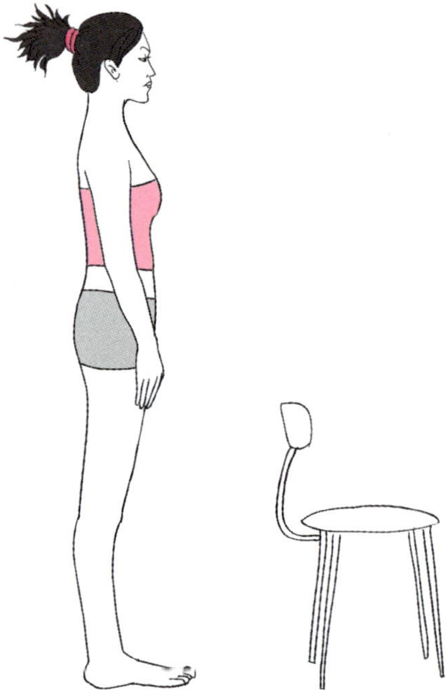

3 然后右腿向后方伸展，保持几秒钟，换另一侧做。

好习惯成就好腿形

想让自己的双腿既健康又漂亮，除了配合一些运动外，还要注意平时在工作中培养一些好习惯。

◆ **习惯1：坐椅子的1/3，不坐满椅**

上班坐姿不当影响的不只是腰椎、颈椎的健康状况，对双腿的健康也有很大的影响。如果总是坐满椅，而且久坐不起，就很容易导致血流不畅，引起腿脚麻木。因此坐姿一定要正，久坐的时候屁股占椅子的面积最好不要超1/3，腰背尽量挺直一些。

◆ **习惯2：不要让高跟鞋再伤害双腿了**

很多女性每天都穿高跟鞋上班，穿高跟鞋时，身体60%的重量需靠前脚掌支撑，压力集中在脚趾，容易诱发拇指外翻、拇指囊炎、锤状趾、趾骨缺血性坏死等病症。因此，白领丽人们最好能在办公室准备一双软底布鞋，可以让腿脚得到最大限度的休息。

◆ **习惯3：远离二郎腿，减轻腿部压力**

腿部长时间交叠在一起，会压迫下肢神经，甚至造成麻痹。长时间互相挤压，会影响下肢血液循环，容易造成下肢静脉曲张、静脉炎和其他疾病。

◆ **习惯4：经常按摩腿部可以预防静脉曲张**

用类似“干洗”的按摩手法，在休息的时候按摩腿部，可以有效预防腿部的静脉曲张。做法：用双手抱紧一侧大腿根，从大腿根向下按摩，一直到脚踝。然后，再从脚踝往回摩擦到大腿根。

◆ **习惯5：要注意脚的保暖**

对于很多没有暖气和空调的办公室来说，秋冬的鞋子就仿佛两个小冰窖，双脚在里面又潮湿又寒冷。中医认为寒从脚下起，如果长期双脚受寒，很容易生病。你不妨在办公室准备一双暖脚鞋，毛茸茸带后跟的拖鞋会带给你暖暖的感觉。

甩腿法预防小腿抽筋

每天午休的时候，可以采用甩腿法来预防小腿抽筋。做法：一手扶墙，向前甩动小腿，使脚尖向前向上翘起，然后向后甩动，这样便可有效地预防小腿抽筋。

上班族的健康贴士

上班族平时可以多食用一些含钾元素较多的水果，比如苹果、木瓜、草莓、柿子等，可以有效消除腿部浮肿和下半身肥胖。

5.拯救腰部曲线

久坐不动，运动量极小，再加上快餐盒饭、应酬大餐，“将军肚”、“水桶腰”、“游泳圈”……严重毁坏着腰部曲线，如果不重视，紧接着就是各种疾病袭来，拯救腰腹，势在必行!

小动作告别“水桶”腰

转腰运动

1 端坐在椅子上，下身保持不动，两手臂水平伸直（如果办公室里没有足够的空间，两只手可以分别搭在肩膀上）。

下腰运动

1 端坐在椅子的2/3处，双腿自然并拢。

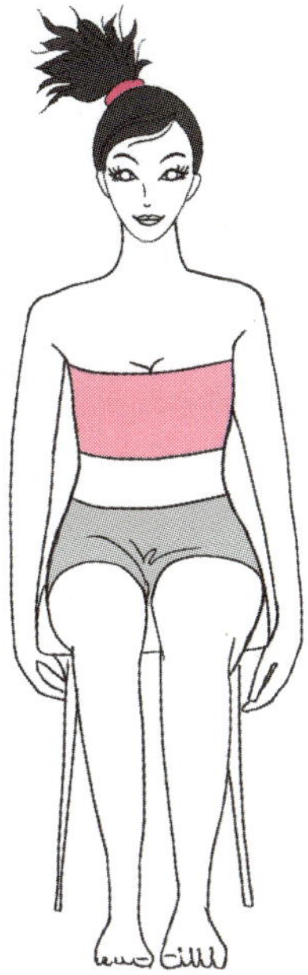

2 上身向右转，保持几秒钟，还原，再向另一侧转。

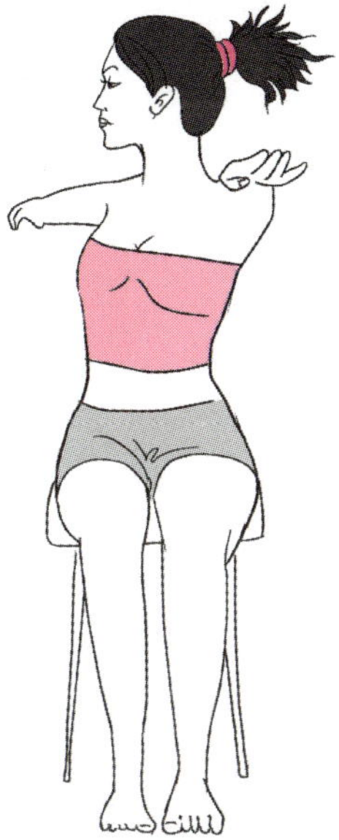

2 双手向上，尽量高举，弯曲左臂抓住右肘处。

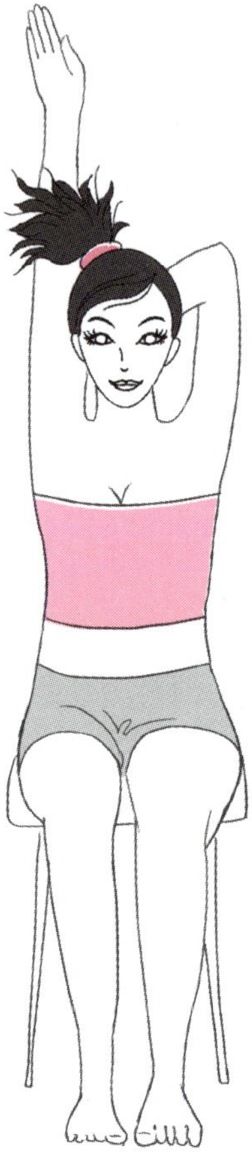

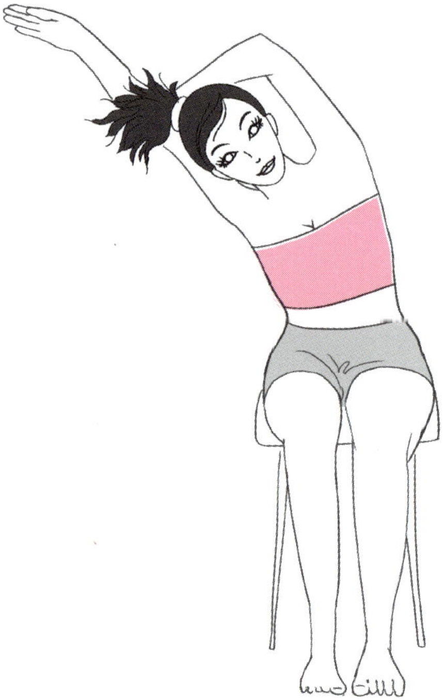

3 然后向右侧屈伸。

4 交换手臂，再向左侧屈伸。

小动作缓解腰部疲劳

如果你觉得做瑜伽很麻烦，很多小运动都对腰部有很好地保健效果，不但能增强腰部的肌肉，增进血液循环，消除神经粘连和炎症，而且能防治腰椎间盘突出。

（1）整理运动：采取自然的站立姿势，两脚开立与肩同宽，两臂侧平举，掌心向下，同时提膝抬左腿，臂腿同时下垂，换腿重复上述动作，每个动作重复8～12次。

（2）体转运动：采取自然的站立姿势，两脚开立同肩宽，大小臂屈于胸前，小臂朝上，肘部下沉，掌心相对。以腰为轴，先向左转体，还原，再向右转体，还原，重复8～12次，第二次可稍用力。

（3）膝绕环：采取自然的站立姿势，两脚开立同肩宽，身体半蹲，两手按住双膝，先向左绕环，然后再向右绕环，重复8～12次。

（4）腰腹运动：采取自然的站立姿势，两脚开立同肩宽，两臂上举，掌心向前。以腰为轴，先向后仰体，再向前屈体，手指或手掌尽可能触地，每个动作重复8～12次。

（5）体侧运动：采取自然的站立姿势，两脚开立同肩宽，右手上举，左手叉腰。以腰为轴，上体左侧屈，然后左手上举，右手叉腰，向右侧屈，每个动作重复8～12次。

（6）腰部绕环：采取自然的站立姿势，两脚开立同肩宽，两手叉腰，以腰为轴，先向左绕环360度，再向右绕环360度，每个动作重复8～12次。

（7）下蹲：采取自然的站立姿势，两脚开立同肩宽，两手按压双膝，先半蹲再起立，每个动作重复8～12次。

（8）抱腿：采取自然的站立姿势，左腿支撑，右腿高抬大腿，贴近胸部，两臂经两侧抱膝。左右交替，每个动作重复8～12次。

第二章

我在健身房里做

1.普拉提告别“小腹婆”

普拉提对于上班族女性来说，是一种很好的减肥运动，它对身体的脂肪绝对有一流的燃烧作用，它还具有局部减肥的效果。根据不同的部位都有相应的普拉提动作，对于塑造小腹、臀部、大腿，以及塑造优美的身体形态有明显而快速的效果。通过普拉提运动不单是减掉几斤肥肉，还能让身体结实而富有线条，看起来健美、匀称。

普拉提，找回健康

普拉提的每个动作都缓慢、清楚，讲究控制、拉伸、呼吸，通过对身体核心部位的锻炼，使身体变得柔软而有韧性。它使身体左右一起运动，能渐渐矫正一般人惯用左边或右边的坏习惯，让身体更为协调、平衡。“专注、控制、重心、呼吸、流畅、准确、放松、持久”，这16个字是做好普拉提的基本要素。

◆ 让肌肉线条伸展

很多女性发现在刚开始学习普拉提的时候，做起来非常别扭，好像自己的身体一点都不听话，你想向左它偏向右，你想向上它偏向下，你想吸气它偏呼气，种种姿势匪夷所思。其实你不用担心，普拉提在直接拉伸肌肉，以加强协调性，调动那些可能一辈子都没调动过的肌肉，这样才会让身体肌肉线条更优美。

◆ 让身体刚柔并济

普拉提不仅融入了西方人的“刚”，对身体的肌肉和机能加强训练，而且还融入了东方人的“柔”，强调练习时要身心统一，每个姿势都要配合协调的呼吸。普拉提不仅仅能够改善人体的外在形态，它对一些疾病的治疗和缓解还有特殊效果，如身体肿胀、腰背疼痛、便秘、疲劳、静脉曲张等，通过练习普拉提都能起到很好的效果。

◆ 在伸展中享受呼吸

很多坐办公室的女性，每天对着繁重的工作，身心疲惫，普拉提就是一项很有针对性的运动。做普拉提的时候，需要你的每一块肌肉都紧张起来，腿尽可能往远处伸展，配合呼吸。在优美的音乐声里，没有压力、没有烦躁，感觉自己超脱了一切，只在运动中沉醉。

◆ 拥有健康柔软的背

普拉提可以给你的脊椎更多支撑，给脊椎骨之间创造出更多的空间。这些多余的空间会让你看起来更加修长、更加灵活，让脊椎从一根坚硬的棍子变成一串珍珠。

◆ 让精神充满活力

普拉提可以促进情感健康。平缓而稳定的动作让人心灵平静，缓解精神紧张。在拉长和加强肌肉练习的时候，促进循环系统的运转，扫除紧张情绪。每一个动作都会让你感到平静、协调、有活力。

普拉提，瘦身新选择

动作1：盆骨卷动

此动作能很好地缓解脊椎和背部的疲劳，让其获得全面的伸展。

1 仰卧，骨盆在正中位置，双臂伸直。肩胛骨平贴于地面，屈膝呈90度，双腿平行分开，双脚平踏，与骨盆同宽。

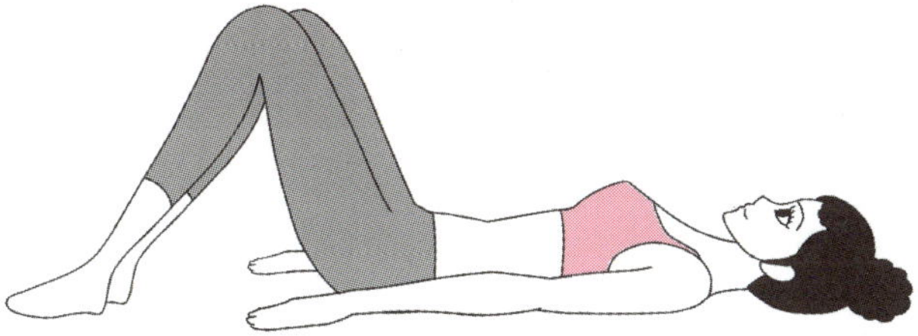

2 吸气准备，呼气收紧腹横肌，骨盆向上卷起，脊椎一节一节地抬离地面，使肩关节至膝关节成为一条直线。呼气，脊椎一节一节地下放，还原至起始位置。

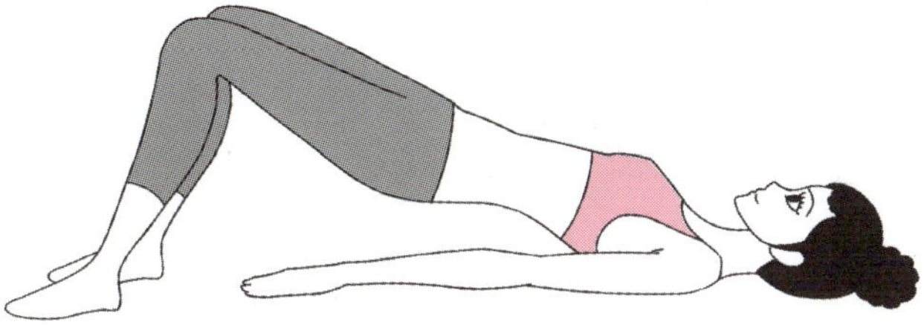

动作2：背部伸展

此动作能很好地缓解肩部肌肉僵硬，塑造流畅的背部曲线。

1 俯卧，额头平贴于地面，双臂放于身体两侧，掌心贴向双腿。

2 呼气，抬起上身，吸气，落下，不要有任何抬头动作，保持颈椎和肩部的延长感，头部向前伸展，肩部向后拉伸。

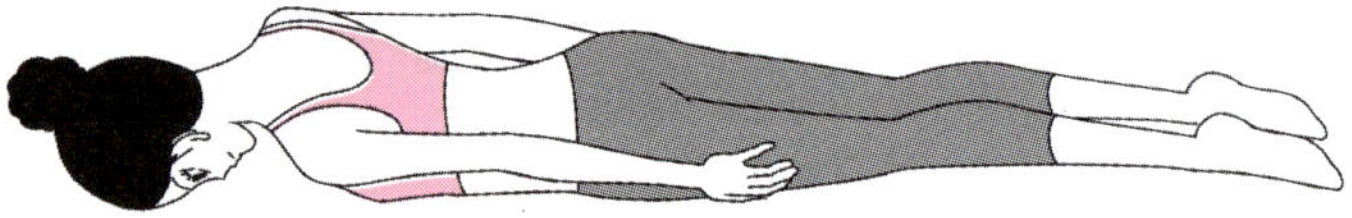

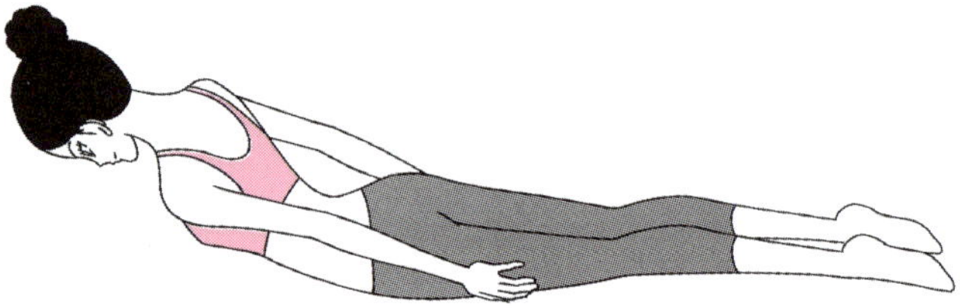

练习普拉提的注意事项

普拉提虽然简单易学，但是也要讲究方式方法，不能盲目地练习，只有用对了方法，才能让健身发挥到最佳效果。

良好的呼吸：良好的呼吸是普拉提的必备。要掌握好正确的呼吸时机，普拉提与我们通常的呼吸不同，做动作要求在用力时吸气，而在收紧腹部时呼气。

任何人都可练习：学习普拉提不受年龄和性别的限制，任何人都可以学习，不要以为只是女性的专利。

注意自己的发饰：普拉提的大部分动作都是躺在垫子上完成的，所以建议女性朋友练习时不要梳辫子。

良好的饮食：普拉提对练习者的饮食没有太多的限制，这会让很多女性为此动心，但也别吃太多，否则会影响健身效果。

舒适的衣服：尽量选择紧身运动服练习，这样可以随时检查肌肉是否处于紧张状态。

2.肚皮舞消灭腹部脂肪

肚皮舞是一种带有阿拉伯风情的舞蹈形式，起源于中东，并在中东和巴基斯坦、印度、伊朗等其他受阿拉伯文化影响的地区取得长足发展，19世纪末传入欧美地区，至今已遍布世界各地，成为一种较为知名的国际性舞蹈。肚皮舞是较为女性化的舞蹈，其特色是舞者随着变化万千的节奏快速摆动臀部和腹部，舞姿优美，变化多端，张显阿拉伯风情，以神秘著称。近些年，肚皮舞已作为一种深受女士喜爱的减肥方式，在全国流行。

舞动中的健康

肚皮舞已经成为健身房的新宠，它的学习门槛相对较低。很多舞蹈都需要基础，还要求身材、年龄等，但肚皮舞就不一样，它适合任何年龄阶段的女性人群，肚皮舞没有芭蕾那样高不可攀，也没有迪斯科那样疯狂放肆，它比任何舞蹈都接近自然，因为肚皮舞的动作和姿态自然随意，对身体不会造成伤害。

◆ **让你变得更迷人**

肚皮舞是非常适合女性的舞蹈，很多动作都是通过骨盆、臀部、胸部和手臂的旋转，以及令人眼花缭乱的胯部摇摆动作来完成的，时而优雅，时而性感，时而妩媚，时而神秘，让肚皮舞的舞姿变得迷人，令人目不暇接，从而展现优雅、性感、柔美的一面，充分发挥女性身体的阴柔之美。

◆ 健康天天相随

肚皮舞随着身体的舞动，能调节女性内分泌系统，促进盆腔血液流通，对月经不调、痛经等妇科疾病有一定的辅助治疗作用。另外，肚皮舞对女性中常见的便秘症状也有显著疗效。因为肚皮舞的很多动作都集中在腰部和骨盆，可以强化体内的脏器，尤其是增加肠道的蠕动，从而缓解便秘。

◆ 翘臀纤腰不再是梦想

现在的很多女性都是对着电脑办公，腰腹部很容易堆积脂肪，有人形象地称之为“游泳圈”。而肚皮舞是专门针对腰、腹、臀等部位的舞蹈，它可以帮你彻底摘掉“游泳圈”，重塑苗条身材。

◆ 放松身体、愉悦心情

现代社会快节奏的生活，让很多都市人面临着不同程度的心理压力，无处排解就很容易郁结于胸。而肚皮舞是一种有效的减压方式，既能缓解紧张的心理压力，又能塑造完美曲线。

◆ 让运动充满着乐趣

肚皮舞可以让舞者跟随神秘的音乐节奏尽情扭动身体，心情会随着舞动而变得轻盈快乐。特别是经过一段时间的练习后，一套较为完整的舞蹈动作，一定会让你非常有成就感。另外，肚皮舞的服装华美，身体的扭动使臀部围巾上的小铁片发出清脆的响声，在欢快的氛围中，运动减肥不再是一件痛苦的事情，而是一种快乐的生活方式。

扭出来的性感身材

动作1：扭步

在做此动作的时候要注意上半身始终保持不动，只是单侧的胯在做运动。

1 自然站立，两脚打开。在右脚踩地的同时，右侧胯往前推。记住，是踩的时候单侧胯往前推，而不是往前顶。

2 左脚离开地面，向右脚并拢，胯固定。

3 双脚稳住的时候胯向后顶。

动作2：鸭子步

在做此动作的时候要注意身体的重心在身体的前方，在脚点地的时候推胯，并脚时收胯。

1 身体和脚转到斜后方向，重心向前推。

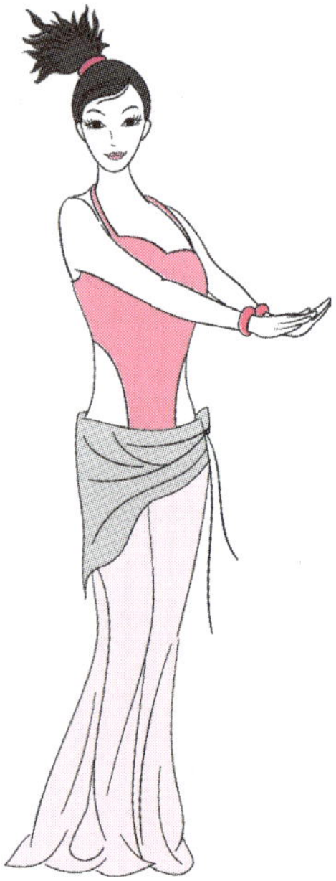

2 后脚变成半脚尖踩地，同时，膝盖弯曲，左腿微微下蹲，肩、胯、脚都保持在斜后方向。右腿膝盖发力，每次往上蹬的时候，从胯部一直到胸往斜上方推。

3 膝盖弯曲的时候收回，动作还原。

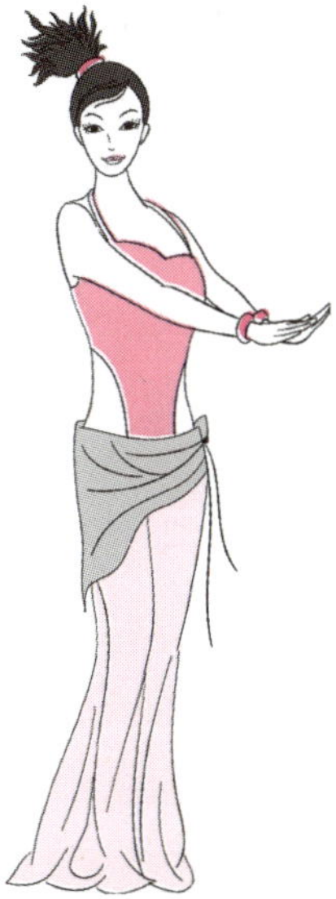

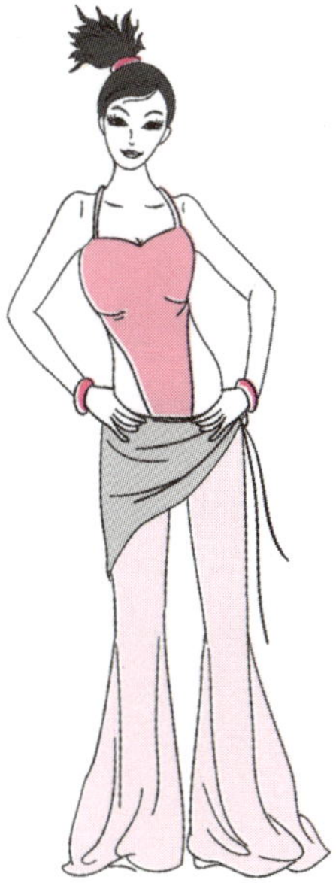

动作3：水平绕圆

此动作要注意头固定，胯固定，肩膀放松，只是胸部在做水平面的圆周运动。

1 在练习的时候，两脚自然打开，重心放在两脚上。为了保持胯部不动，手可以扶在胯上。

2 把胸向前推，感觉胸在往前顶；向右侧平移，注意下半身保持不动；向后收紧腹部，胸沿着顺时针的轨迹转到后正中位置，上腹和小腹向后“窝”进去。沿着顺时针轨迹，最后到左侧。

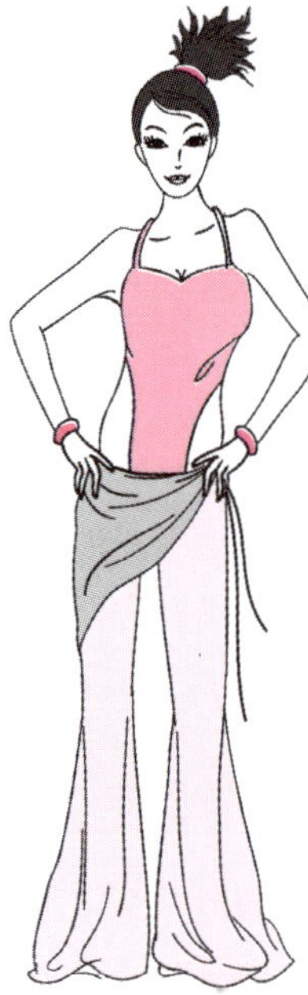

学习肚皮舞的注意事项

练习之前一定要热身。肚皮舞运动量较大，而且以腰腹练习为主。如果不做充分的热身就投入练习，很有可能会伤害腰椎和腿部肌肉，造成软组织拉伤。肚皮舞热身一般从头部开始，依次活动颈部、手臂、胸部、腰胯、膝盖、脚腕，直到身体发热、微微出汗就可以了。

不要空腹练习。空腹练习有可能会有低血糖或者有胃反酸的情况出现。但是，饭后也不要立刻练习，进食后30～60分钟方可练习。练习结束后1小时内不宜洗澡，因为运动后皮肤大量出汗，毛孔扩张，冷热刺激对身体有害无益。

女性经期前3天最好不要练习过多的腰腹动作。通过促进盆腔血液流通，肚皮舞对月经不调、痛经等妇科疾病有一定的疗效，但是女性在经期时应根据身体条件对运动量、运动强度进行调整，太剧烈动作应尽量避免。

不要害羞扭捏。在跳肚皮舞时应该尽量抛开害羞、扭捏的心态，即使节奏感不强或是肚子上挂着“游泳圈”也没有什么不好意思。否则，因为放不开导致身体僵硬，跳舞像做广播体操，不仅起不到健身效果，还会打击自信心。

穿合适的服装。跳肚皮舞要求穿着宽松舒适的裤子，光脚或穿舞蹈专用袜套。课程前后必须跟随教练认真进行舒缓练习，以防止肌肉拉伤。

3.拳打脚踢的暴力瘦身法

在健身房中经常能看到一群漂亮的女性配合着动感音乐拳打脚踢，有时还以为自己是不是走错地方进了跆拳道馆，其实不然，这是目前很流行的健身运动——搏击操，通过暴力的方式达到健身的效果。搏击操很好地融合了拳击、泰拳、跆拳道、散手、太极等基本动作的精华，遵循健美操的最新编排方式，在强有力的动感音乐中完成的有氧运动。它逐渐成为一类风格独特的健身操，对瘦身有很好的效果。

搏击操，让健康全面发展

你可能是一个文弱的女子，平时连一只蚂蚁也不敢踩，不过没关系，为了迷人的体形，搏击操可以让你勇敢地挥出第一拳，没有什么做不到！当然，这绝不是暴力，也不是教你如何打架，这是在激发你挥洒自如的信心，所以说练习搏击操不但可以改善体形，使身姿更挺拔，身材更匀称，身体更健康，还会让你的信心加倍，谁还敢说你是弱女子呢？

◆ **强化身体的核心肌肉**

搏击操对强化身体的核心部位有很好的效果，你可不要小看搏击操中一个简单的踢腿或者出拳，都需要通过腰和腹部同时发力并保持身体平衡才能完成，对强化身体的核心肌肉是不可忽视的，而标准的动作能更加有效地锻炼腰腹部。

◆ 快速甩掉多余脂肪

搏击操与很多健美操相比，运动量更大，锻炼的部位也更全面。因为在搏击的过程中，要求出拳、踢腿的速度快，力量大，这种爆发力可以塑造肌肉线条，增强肌肉力量，让肌肉更结实，

◆ 提高身体柔韧性

在锻炼前一定要做好身体的拉伸，长时间坚持练习，你会发现身体的柔软度大幅提高，身体不再那么僵硬了，每一次的出拳和踢腿动作更容易控制，腿可以抬得更高，也可以轻松地压下去了。

◆ 消除自卑感

搏击操是一种暴力的有氧运动，当你勇敢地打出第一拳或者踢出第一脚，都能很好地提升自信心及自我判断能力。通过有氧搏击操的练习，会使你在日常的生活工作中更具活力与自信。

野蛮瘦身全攻略

预备姿势

双脚分立，与肩同宽，收腹挺胸，双手握拳放于两腮附近，目视前方。

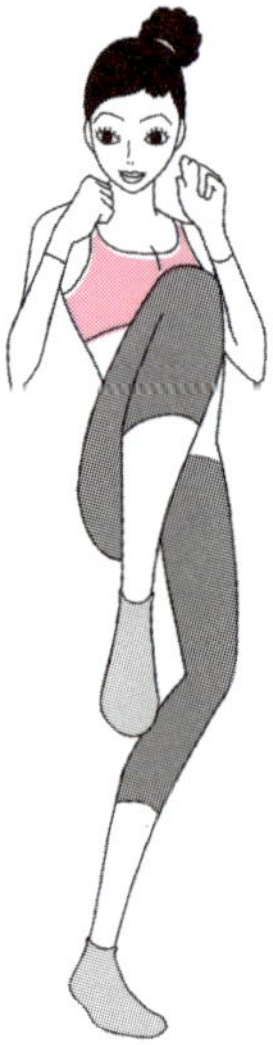

前吸腿

从预备姿势开始，右腿提膝靠胸，髋关节顺膝盖方向顶胯，同时将小腿收紧，使其尽量向臀部贴近。

前踢腿

从预备姿势开始，提膝向上，髋关节顺膝盖方向顶胯，并将腿伸直向上方踢出。

侧吸腿

从预备姿势开始，提膝，尽可能用膝关节对准击打方向，同时将小腿收紧，脚后跟尽可能地贴紧臀部，同时手臂握拳向击打方向猛力击出。

侧踢腿

以预备姿势站立，提膝，将腿伸平，用力向侧面踢出，注意脚背向内侧收紧，用脚底外侧面去攻击目标。

远离搏击操中的不良习惯

搏击操和许多有氧运动一样，在锻炼的时候需要注意各个方面，免得让愉快的健身活动变成了对身体的摧毁。因此，建议那些爱美的女士在进入健身房学习有氧搏击操的时候，一定要注意以下几点。

合理的装束。长头发的女士要把头发扎起来，然后戴上帽子，上身可以穿紧身小背心，但下身要穿大短裤或长裤，便于做踢腿运动，手上不要忘了带搏击手套，脚上要穿舒适的运动鞋。

注意课程强度。上搏击操课应注意强度，根据自身的承受力来扩大或缩小动作幅度，不要为了追求快速的结果，而随意增加课程强度，这样很容易让身体受到伤害，要知道做什么都要一步一步来才行。

热身每次都不能缺。在练习搏击操之前不要忘记在教练的指导下做热身运动，让关节、肌肉放松后再开始挥拳，运动后若发现有肌肉酸痛的现象，最好立即冰敷。

做侧踢练习的时候注意不扭胯。在做侧踢时一定不要向前扭胯，否则会导致压力集中于膝部，绷脚尖会扭伤膝盖，应向脚尖方扭胯以减轻膝盖的压力。

拳都是由肩带动的。击拳时要由肩部带动出拳，那样出拳才会有力，目标才会准确。在完成击拳和踢腿动作前要一直看着目标。

避免肘、膝部用力过猛。在搏击操中，避免在闪躲或猛击动作时，由于肘部、膝部用力过猛、动作过大而脱臼，尽量避免扭转动作。

身体出现不适马上停止练习。搏击操的运动强度比一般的健身操要大，如果出现腿部疲劳、局部疼痛不适、眩晕、心率过快等情况，则最好停止练习，休息一段时间，如果没有好转，最好做一个全面的身体检查。

4.拉丁给你纤细腰肢

随着热辣奔放的音乐，情不自禁地扭胯、摆腰、旋转、劈腿……这就是风靡一时的拉丁健身操，越是淋漓尽致地把热情奔放的感觉发挥出来，就越能在音乐中释放、缓解压力，这一充满动感与活力的健身运动，俨然成为健身房的一道亮丽的风景。

热辣的减肥方式

拉丁操作为一项健身运动，自己本身也有很多的优点，让很多女性为它着迷。那么，拉丁操到底有什么好处呢?

◆ **健康奔放**

拉丁操是拉丁舞与健身操的结合体，在感受拉丁热辣奔放的同时强健身体，可谓两全其美。拉丁健美操有别于国际标准的拉丁舞，是在有氧的基础上融入拉丁的奔放和激情，去掉了繁复和夸张使其更具有趣味性，适合年龄更广泛。

◆ **柔中带刚**

拉丁操最大的特点是在运动中洋溢着拉丁舞蹈特有的欢乐与激情，从而感受着热烈奔放的南美风情音乐，让健身增加更多欢快元素，拉丁健身操注重对髋、腰、胸、肩部等关节的活动，腰肢和胯部的扭动柔中带刚，刚中有柔，每一次送胯都将女性的魅力充分地展示出来。

◆ 动感奔放

拉丁健美操继承了拉丁舞中强烈的节奏感，在音乐和动作间散发出的热情，对健身者释放压力、放松身体特别有好处。体会拉丁舞的优美与节奏，随着拉丁音乐尽情地释放能量，燃烧脂肪，那种舒适酣畅的感觉无与伦比。

绽放美丽的拉丁

第一组

1 左手打开，屈右手，左脚点地，重心落在右腿上，上半身挺直。

2 左手向前运动，右手回落，左脚错步向前跟进。

3 向前进，重心落在右腿，左脚点地，左手打开，右手弯曲。

4 右脚尖向后点地，重心落在左腿，双手按惯性摆动。

第二组

1 左手向前，右手回落，右脚错步向前跟进。

2 重心落在右腿，左脚点地。

3 双手向两侧斜上方45度打开，双脚依次向左右打开。

练习拉丁操的注意事项

拉丁健美操是女性朋友不错的选择，在动感十足的拉丁音乐中，舞动身体，尽情展示自己美好的身段，在疯狂的扭动和淋漓的汗水中，减去腰腿部多余的脂肪，释放工作的压力。但是要想很快地学好拉丁健美操就要注意一些窍门，这样会让学习事半功倍，何乐而不为呢?

（1）在练习的时候要选择鞋底柔软的运动鞋，以减少腿部受到伤害。

（2）在做腰部动作的时候，要注意让膝盖微微弯曲，将重心降下来一点，既可以保护腰，又可以让腰部的动作更加完美。

（3）在跳拉丁操的时候要注意不能让肌肉绷紧，尽量柔软一些，这样动作做起来才漂亮，也不容易扭伤身体。

（4）在跳拉丁操的时候尽量做到忘我状态，尽情地享受舞蹈和音乐带给你的热情。

（5）跳拉丁有氧操时不要着急，要先学会步法，再学习腰腹动作。在做腰腹动作的时候要多注意腰腹的用力感觉。

（6）若身体出现不适，如腿部疲劳、局部出现疼痛不适、眩晕、心率过快等现象，必须马上停止练习，好好休息。

5. 瑜伽，还身体一个自由空间

瑜伽是很古老的东方修炼方法，是一个通过提升自我意识，帮助人们充分发挥潜能的哲学体系及其指导下的运动体系，它不但容易掌握，而且能提高人们生理、心理、情感和精神方面的能力。古印度人更相信人可以与天合一，他们以不同的瑜伽修炼方法融入日常生活而奉行不渝：道德、忘我的动作、稳定的头脑、宗教性的责任、无欲无求、冥想。目前，瑜伽在世界各地广为流传，受到各类人群的欢迎，可以说瑜伽是健康时尚的最佳选择。

瑜伽的奇妙功效

瑜珈的学习没有什么特殊要求，它强调的是肢体与心灵间的平衡。在繁重的工作压力下，可借由几个简单的瑜珈动作，增加身体的柔软程度，让自己轻松解压，也让你体验身心合一的奇妙感受。

◆ **塑造女性完美体形**

在健身房里女性最钟爱的运动莫过于瑜伽了。有些女性朋友在练习瑜伽后取得了明显的效果，不但身材更性感，曲线更完美，身体也更加健康。

◆ 预防慢性病

别以为疲劳只是肌肉和骨骼的专利，人体器官的长时间运转也会产生疲劳，这种疲劳长时间得不到缓解，就会诱发很多慢性病。借助瑜伽呼吸法配合各种体位，能很好地按摩身体内部器官，不仅可以促进血液循环，而且能伸展僵硬的肌肉，使关节灵活，同时，还可使腺体分泌平衡，强化神经，久而久之，慢性疾病就会与你绝缘。

◆ 消除身体的紧张和疲劳

随着生活节奏的加快，无论是工作还是生活都会给人们带来很大的压力，长期受压力困扰，会很容易感到疲劳伴有倦怠感，瑜伽的呼吸法就能够很好地调整这种状态，通过有意识的呼吸，得以排除体内的废气、虚火，消除紧张缓解疲劳。

◆ 减轻心理压力

瑜伽主要是通过修炼心灵达到减压的目的，心灵是需要不断强化及净化的，就像人呼吸新鲜空气一样，学习瑜伽，从身体的调息直到心灵的净化，这是一连串的连锁反应。使用瑜伽的完全呼吸法可以强化腹腔内脏，控制呼吸的快慢，还可调整自律神经，控制心跳节奏，缓和紧张情绪。

练成一个翘臀美人

动作1：肩桥式

1 身体平躺，双膝弯曲，大小腿贴紧，双脚平放于地板上，双手扶住脚踝部位。

2 呼气，双脚下压，盆骨倾斜向上抬起，带动腰部，使脊椎骨离开地面。吸气，使身体慢慢还原。

动作2：虎式

1 跪立，双臂伸直，眼睛向前看。

2 吸气，左腿向后上方伸展，抬头，眼睛向上看。

3 呼气，左腿屈膝，膝盖向前上方抬起，眼睛向下看，背向上拱起，鼻子触膝；之后换身体的另一侧进行。

学习瑜伽的注意事项

瑜伽的好处真是太多了，你是不是已经心动了？那就赶快行动吧！明天就去健身房学习，可是学习瑜伽都需要准备什么呢？

◆ 要准备柔软舒适的衣物

练习瑜伽时选择柔软舒适的衣服，以便于身体伸展、提拉和弯曲。练习时，最好赤脚，不要佩戴饰物。

◆ 瑜伽辅助用品

瑜伽练习中经常会用到瑜伽垫、瑜伽绳、瑜伽砖等辅助用品。练习前，应准备好并放置在练习场地附近。在做瑜伽冥想和瑜伽休息术时需用瑜伽毛毯，具有保暖的作用。

◆ **热身必不可缺**

热身很重要，做任何运动前都要热身，瑜伽也不例外，为了身体不受到损伤，一定要进行热身运动。先做暖身动作，循序渐进，再做难度动作。

◆ **对自己的身体状况做全面的了解**

练习瑜伽前必须要清楚自己的身体状况，如果身体某部位有疾病、女子经期或者是孕妇等，做瑜伽时一定要注意相关的禁忌，最好咨询专业的瑜伽教练后再做练习。

◆ **饮用水必不可少**

在做瑜伽练习时，会因身体出汗而失去很多水分，一定要注意补水，身旁备一瓶饮用水。但注意不要饮用过冷或者过热的水，最好是常温。

第四章

我想做就做

1.家务活中的另类健身操

做家务其实是最经济的健身运动，既不花钱又打扫了房间，是不是劳动也开心呢？如果想取得更好的减肥效果，每项劳动的持续时间最好在20分钟以上。

擦桌子，告别“蝴蝶袖”

上班族每天都是趴在桌子上工作或者娱乐，对手臂的锻炼非常少，手臂很容易堆积脂肪，就好像“天然的蝴蝶袖”，告别它其实很简单，擦桌子就是很好的锻炼方式。站在桌子一边，用双手按住抹布，注意身体不要来回摆动，主要靠手臂的力量，向前推擦时，双手要在同一水平线上，且双臂用力要保持一致，这样还可以促进肩膀的血液循环，缓解上班族肩颈酸痛的症状。

晒衣物，转出小蛮腰

再简单的家务都可以起到减肥的效果，如晾晒衣物。具体做法是：背对晾衣竿站直，胯部以下保持不动，扭转上半身把衣服晾起来，左右交换进行。扭转时，若将身体略向后仰，就能增加负荷，可以锻炼到腰部两侧的肌肉，很快，你的小蛮腰就练出来了。

擦窗户，增高的秘诀

擦窗户可是拉长身体的最好运动，可不要再懒了，赶快行动吧！左、右手各拿一块抹布，右手向左边逆时针擦拭，身体跟着一起做侧弯腰的动作，而左手就向右边顺时针擦拭，能让受压迫的脊椎重新排列，甚至会有很好地增高效果哦。

清理杂物，塑造完美臀部

每天花点时间清理一下屋里的杂物，对塑造完美臀部是很有效果的。在整理杂物时要注意方式方法，否则就起不到良好的效果。搬东西的时候应该先深蹲，拿了之后再慢慢站起，能锻炼大腿肌肉及臀度肌肉，坚持这样，美丽的臀部曲线就会慢慢地展现出来。

铺床，再现性感锁骨

先摆好跪坐的姿势，接着上半身匍匐在床上，双手蛙泳式在床上缓慢地划动，铺展床褥，上肢尽量展开。如果你能感到肩头有一丝丝的酸胀感，说明已经有效果了，这个动作能锻炼到平常很少用到的肩膀前部，也就是锁骨的位置。

2.搭乘公交车不闲着

工作相当忙碌，家里的事情也不少，还有各种应酬……实在没有时间安排全面的健身计划，那就别浪费你上下班途中、等车及乘坐公共汽车的一二十分钟吧！好好利用这段时间，反复做些简单的健身练习，你就发现身体上的明显变化。其实这些方法很简单，只要你能坚持就可以收到效果。

多走一站是一站

每天尽量多走点路，不要出门就坐车，如果你的家离公司有点儿远，那么不妨多走一站的路程再去搭公交车或者乘地铁。当然走路也是有学问的，否则就起不到健身效果。走路时要挺胸、收小腹，臀部夹紧，千万不要弓腰驼背。假如走路时不紧缩小腹，不管你走多少路，也无法刺激你的腹部肌肉，小腹就不会缩小。此外，驼背会破坏身体的平衡感，降低走路的健身效果。

等车时别忘动一动

等车、等信号灯的一段时间，也不是无事可做的。可以利用这段时间进行收腹练习。将注意力集中在腹部，全力收紧，感觉仿佛肚脐贴近后背，坚持6秒钟后还原，并反复练习。

坐在公交车上动一动

坐在公交车上，如果有座位，你可不要用来睡觉了，可以坐在座位上锻炼腿部曲线。腿呈90度摆好，脚跟固定不动，脚尖上上下下反复摆动，这个动作可以锻炼小腿肚的肌肉，让小腿线条更匀称。同时，坐着的时候还能够锻炼腹肌，双腿并拢抬至离地面约5厘米的高度，将腿悬空，尽量保持这个姿势，能坚持多久就坚持多久。

站在公交车上动一动

车上没有座位也没有关系，站着也能做很多小运动。用手拽住车上的吊环，时而用力握紧，时而放松，反复做，可以让手腕变细。或者双手抓紧吊环，双脚微微打开，将身体前倾，此时能感觉腹部肌肉紧绷，可以锻炼腹部肌肉。

如果够不着车子上面的吊环，可用手握紧栏杆，将脚跟踮高，像芭蕾舞演员一样用脚尖站立，累了再放下，如此反复练习，可以美化小腿的线条。或者手握住栏杆，一边数拍子，一边用力向内收腹，这种方法能有效地紧缩腹部肌肉，使小腹慢慢缩小。

3.开车忙里偷闲颈椎操

城市里开车族不在少数，去哪儿都是开车，很少运动，很容易因长时间久坐，神经高度紧张，颈部变得僵硬，后背酸痛。其实，只要在等红绿灯短短的几十秒时间，做一套颈椎操，既能达到运动效果，同时还能收获健康。

动作1：坐姿肩屈伸

这个动作能很好地缓解肩部疲劳，塑造出优美的肩部曲线。下半身保持不动，头部不能来回摆动。

1 自然坐在车内，面向前方，双手自然地放在方向盘上，上身挺直，两肩自然下垂。

2 吸气时向上提肩，手臂和腿保持不动。

3 呼气时沉肩，重复4~6次。

动作2：坐姿肩伸展

这个动作能很好地塑造背部曲线，还能让胸部得到很好的锻炼，注意头部不能跟随着来回摆动。

1 坐姿，面向前方，上身挺直，双手自然地放在方向盘上，肩膀自然下垂。

2 吸气时肩膀向后打开，手臂和腿保持不动，呼气时向前含胸。

4.床上健康小动作

不要再抱怨自己没时间、没地方去健身，其实生活中处处都是健身的机会，就连床都可以成为“小小健身房”，只需要占用睡觉或起床前一分钟的时间。

1分钟手指梳头：在睡前用五指由前额至后脑勺依次梳理，可以很好地增强头部的血液循环，增加脑部血流量，不仅能预防脑部血管疾病，还能使头发更健康。

1分钟轻揉耳轮：耳朵的周围分布着很多穴位，每天用双手手指轻揉左右耳轮至发热，对耳鸣、目眩、健忘等症，有防治功效。

1分钟转动眼睛：在睡前让自己的眼睛左右或者上下转动，眼球顺时针和逆时针分别转动，这样能锻炼眼肌，提神明目。

1分钟伸屈四肢：每天在床上做伸屈运动，可以使血液迅速回流到全身，供给心脑系统足够的氧和血，可预防急慢性心脑血管疾病，增强四肢大小关节的灵活性。

1分钟轻摩肚脐：每天在床上用双手掌心交替轻摩肚脐，因肚脐上下是神阙、关元、气海、丹田、中脘等各穴位所在的位置，尤其是神阙能预防和治疗中风。轻摩也有提神补气之功效。

1分钟收腹提肛：反复收缩，使肛门上提，可增强肛门括约肌收缩力，促使血液回流，预防痔疮的发生。

1分钟摩擦脚心：仰卧，以双足根交替蹬摩脚心，使脚心感到温热。蹬摩脚心可以促进全身血液循环，有活经络、健脾胃、安心神等功效。

1分钟左右翻身：每天在床上轻轻地左右翻身，可以活动脊柱大关节和腰部肌肉，对缓解上班族的背部不适有很好的效果。

5.床上动出迷人身材

趁着清晨的时间起来锻炼，在床上做做小的伸展运动，可以帮你放松全身的肌肉，让血液循环更加顺畅。这些只需要5分钟的时间就够了，让身体感觉舒爽，更好地开始新的一天。

动作1：仰卧卷体运动

此动作能很好地锻炼腹部肌肉，可以减去腹部多余的脂肪。在做这个动作的时候，要注意配合呼吸，动作要缓慢。

1 身体平躺在床上，双腿弯曲，双臂放在身体两侧，掌心向下。

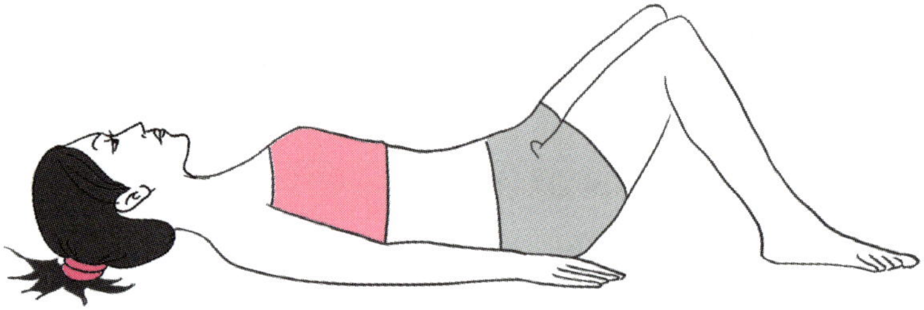

2 呼气时，头部慢慢抬起，其余地方保持原状。

3 随着头部的抬起，手臂慢慢离开床，并向前伸展，与床呈平行状，重复6~10次。

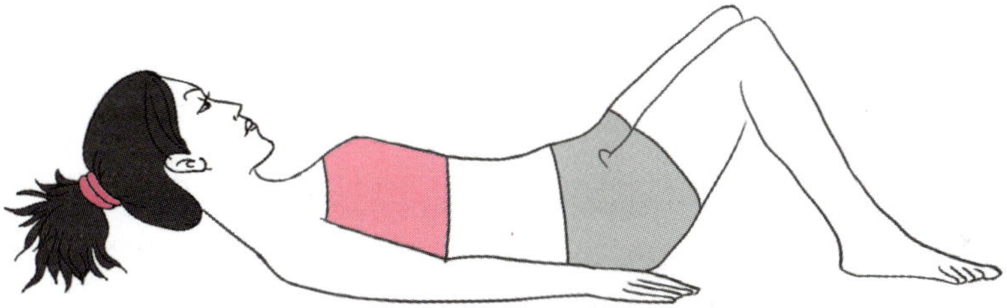

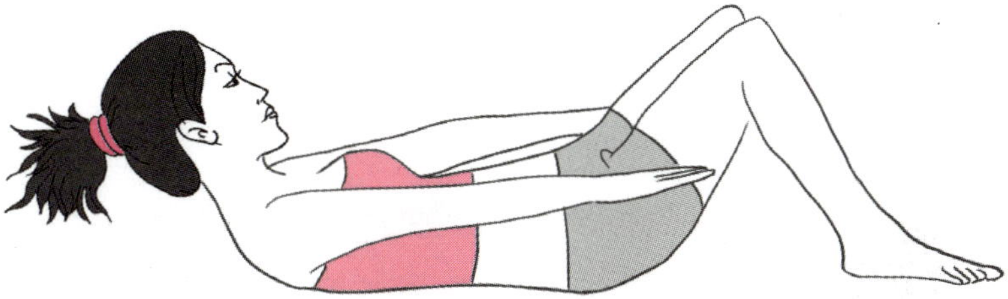

动作2：单腿滑行运动

此动作能很好地锻炼腿部和腹部的肌肉，要注意在整个过程中上体不要放松，上背要离开床面。

1 身体平躺在床上，双腿伸直，双手放在身体两侧，双腿弯曲。

2 吸气，抬双腿，双脚离开地面，上身保持不动。

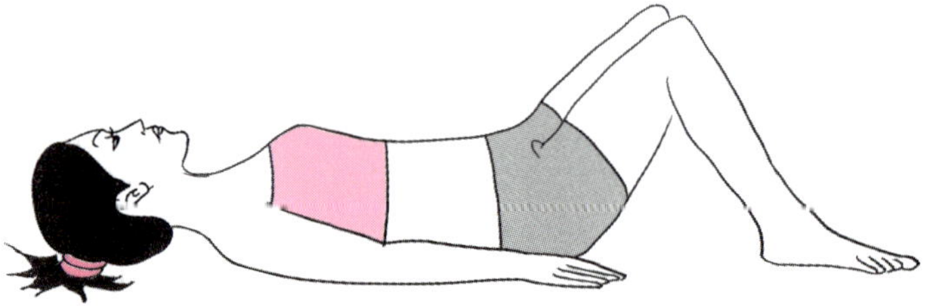

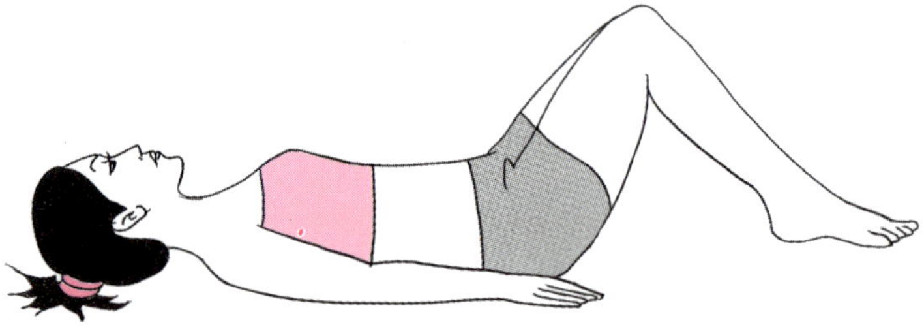

3 呼气，右脚慢慢伸展，左腿保持原状，吸气收回。

4 呼气，左脚慢慢伸展，右腿保持原状，吸气收回。

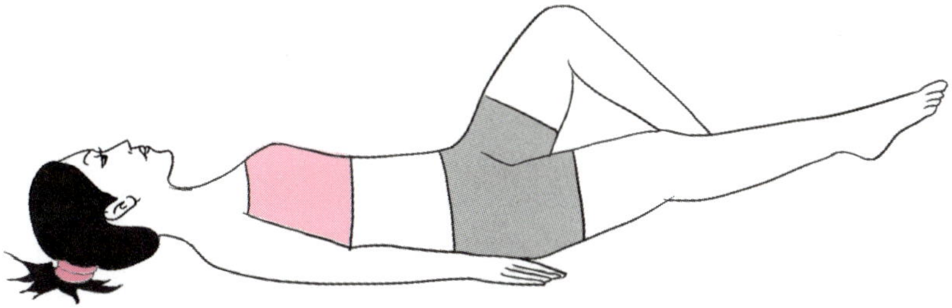

动作3：腰背运动

此动作能让腰背部得到很好的锻炼，长期坚持能塑造迷人的腰部线条。在做此动作时要始终保持上体不变，手臂夹紧不能放松。

1 俯卧在床上，双手撑于胸部两侧，双臂夹紧，大臂贴于身体两侧，使身体呈一条直线，头部抬起。

2 呼气，向上慢慢推起身体，不要一次就推直手臂，动作要缓慢。

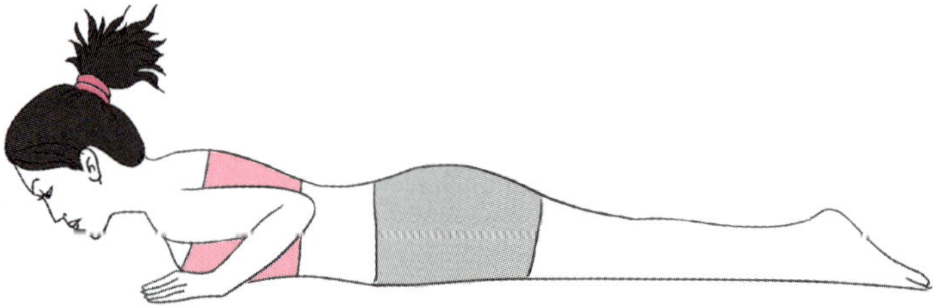

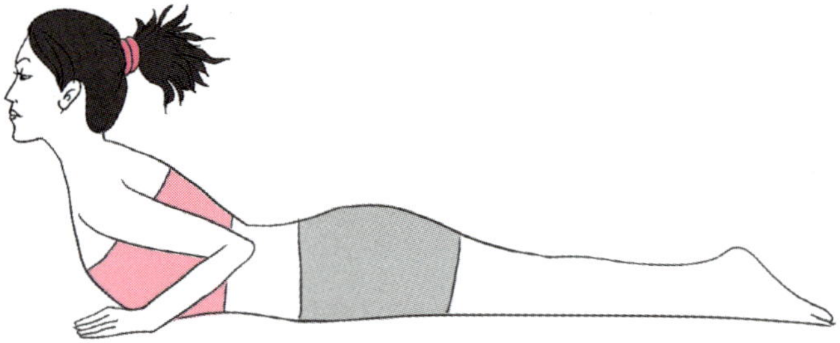

3 手臂伸直，身体与手臂保持垂直；吸气，慢慢放下，重复6~10次。

6.沙发里的懒人小运动

沙发坐起来既柔软又舒服，不管是在上面看书还是看电视，都是一种惬意的享受。与此同时，你也可以享受一下在沙发上运动的快乐。

动作一：转腰运动

此动作能很好地伸展左右侧腰部肌肉，让你告别“游泳圈”。端坐在沙发前沿，不要太用力，双膝并拢，上半身往反方向扭转，每次维持10秒钟，重复做3次，再换反方向。

动作二：侧腰运动

此动作能进一步加强塑造腰部两侧的肌肉曲线，让腰更坚挺。端坐在沙发上，身体靠着沙发扶手，身体轻松地往外延伸，停顿5～10秒后换另一侧进行，轮流做3次。

动作三：提臀缩腹运动

此动作能很好地锻炼腹部和臀部肌肉，不再让小肚子胖嘟嘟。端坐在沙发前沿，不要太用力，双手扶着沙发扶手，双脚并拢屈膝向上抬起，每抬高1次停2秒钟，然后放下，来回10次。

动作四：伸背运动

此动作能很好地拉伸背部肌群，缓解背部酸痛。端坐在沙发前沿，不要太用力，双手向后搭在沙发背上，手臂尽量伸直，将胸部挺出，每次坚持15秒后休息，重复做3次。

动作五：臀后侧运动

此动作能很好地拉伸臀部后侧肌肉，让臀部更有弹性。面朝沙发，前腿屈膝大腿平行于地面，后腿伸直膝盖朝下，双手伸直拉住沙发一边的扶手，后退尽量向远伸动作维持10秒后换边，重复做3次。

动作六：大小腿运动

此动作能很好地拉伸大小腿后侧肌肉，让我们不再为“大象腿”而烦恼。一条腿伸直平放于沙发上，另一条腿弯曲，身体朝伸直脚的方向靠近，每一侧动作维持10秒，重复做3次，换另一侧。

动作七：大腿运动

此动作能很好地拉伸大腿前侧肌肉。端坐在沙发前沿，不要太用力，一条腿尽可能向远方伸直，另一条腿弯曲膝盖朝下，动作维持10秒，上身保持不动，重复做3次，然后换另一侧。

动作八：大小腿和臀部运动

此动作能很好地拉伸大小腿和臀部后侧肌肉。坐在沙发中部，双脚膝盖保持伸直，身体、腹部尽量往大腿贴，停顿10至15秒，放松，重复做3次。

精彩视觉
www.jingcaishijue.com

“悦”动健康书系

上班族运动解疲劳

定价：24.00

健身，一定要花大把时间去健身房挥汗如雨吗？不是的！运动可以无处不在，上班路上、办公室里，不需要任何器具，只是简单地动动身体，就能缓解身体疲劳。

本书就是根据上班族“忙”这一特点，把工作和日常生活中的行为与锻炼身体密切结合起来，让运动无处不在！

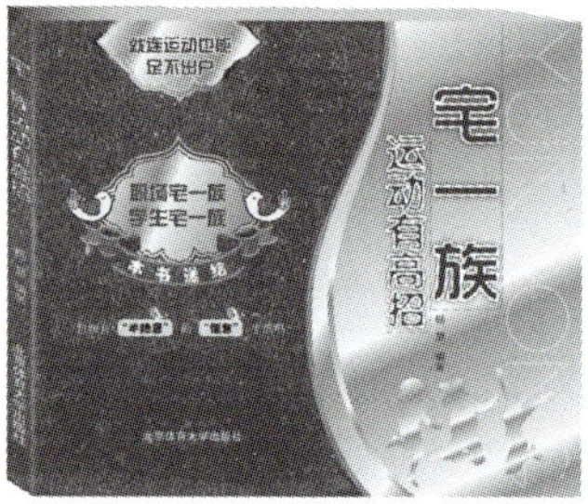

宅一族运动有高招

定价：24.00

本书为“宅一族”提供了很多适合“宅”的运动，不管你是在网上疯狂购物，还是沉迷在电视里，都能很好地做运动，这些运动信手拈来，简单易学。拥有本书，瘦身、美腿、增肌都不用花钱，只需每天抽出5分钟，立即行动，健康迷人的体形马上就是你的。

写给男人——肌肉的秘密

定价：24.00

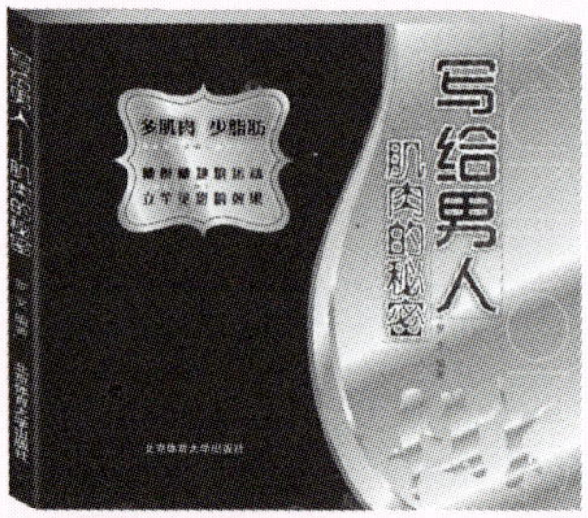

运动是健康的基础，工作的本钱，
运动是幸福的前提，成功的保障，
运动是家庭的幸福，企业的资本！

本书是融汇了许多运动智慧，为男性健康量身定做的一部健康宝典。如果你想长期拥有财富的本钱——健康，必须运动！为了辉煌的人生，赶快阅读本书！